5-7, rue de l'Ecole-Polytechnique, 75005 Paris

www.harmattan.com

ISBN : 978-2-343-12242-7
EAN : 9782343122427

Les affres de la philanthropie

Essai sur l'imaginaire, la dignité et la bêtise dans le monde globalisé

Emergences Africaines

Dirigée par Magloire KEDE ONANA

La collection « ÉMERGENCES AFRICAINES » se propose de renverser des certitudes faciles. Nous sommes convaincus que l'Afrique, longtemps considérée comme en retrait, s'ouvre au monde, et est plus que jamais au cœur des enjeux. Son Histoire ne doit plus s'écrire ailleurs, par des continents eux-mêmes en crise de modèles à proposer/imposer.

Une nouvelle génération très entreprenante d'Africains et d'Africanistes existe aujourd'hui, qui problématise et réécrit l'Histoire du continent dans toutes ses facettes, et par une approche multidisciplinaire. Il s'agit de dévoiler une Afrique des « Bonnes Nouvelles » : celle qui, parce que plus ouverte au monde, présente tous ses atouts d'émergence.

Dernière arrivée dans la compétition mondiale, l'Afrique est capable d'apporter un élan différent à la mondialisation grâce à son devenir, qui est subordonné à son être.

Déjà parus

Christophe SIGNIÉ, *La renaissance de la Chefferie Milombè du Nord Makombé dans le littoral camerounais (XIXe s.-2015), Une contribution historique à la connaissance des peuples du Cameroun,* 2017

Souley MANE (dir.), *L'islam en pays bamum. De Ibrahim Njoya à Ibrahim Mbombo Njoya (1895-2016)*, 2017.

Victor-Joseph BELLA, *Paul Biya, Aminata Ahidjo et le RDPC,* 2017.

Léger NTIGA, *Eglise des martyrs au Cameroun. Enquêtes sur une rivière de sang non élucidée,* 2017.

Bachirou OUMAROU, *L'inventeur et le parasite. Essai sur la problématique de l'émergence des pays sous-développés,* 2016.

Christelle NDONGO, *L'insoumise*, 2016.

Joseph NDZOMO-MOLÉ et Pierre OBAMA-ÉTABA, *Le cousin barack Obama ? Leçons sur un phénomène historique inédit,* 2016.

Fridolin NKE

Les affres de la philanthropie

Essai sur l'imaginaire, la dignité et la bêtise dans le monde globalisé

L'Harmattan

À la mémoire de Ndongo Ndongo Bertin, mon grand-père,
le Démocrate, compagnon de route d'André Marie Mbida,
qui avait subi la torture et le bagne à Mantoum.

Vous ne vivez tranquilles que si vous êtes seuls
à pouvoir détruire la terre[1].

---

[1] Jean-Paul Sartre, « Les Animaux malades de la rage », dans Michel Contat et Michel Rybalka, *Les Écrits de Sartre, chronologie, bibliographie commentée*, Paris, Gallimard, 1970, p. 707.

Sommaire

Avant-goût

Depuis l'époque moderne, la politique a consisté en la canalisation et la fixation de l'attention des masses sur ce que le pouvoir voulait qu'elles voient. Le discours et l'action des dirigeants produisaient des réalités autour desquelles les populations se ruaient : il fallait qu'elles croient ! Ceci avait l'avantage de soustraire le regard critique de l'essentiel, à savoir les stratégies de mensonge d'État. C'est cette industrie de l'illusion politique qu'Umberto Eco a entrepris de systématiser dans *La Guerre du faux*. Eco y déploie l'art de s'interroger et de lire l'actualité de notre monde à rebrousse-poil, c'est-à-dire au moyen du décentrement que garantit la perspective, pour dévoiler les évidences et les contrevérités qui structurent et défient notre goût et notre regard au quotidien. Aujourd'hui nos identités respectives en sont rigoureusement marquées ; elle a structuré nos désirs individuels et les normes étatiques. Cette mystification a surtout été amplifiée au niveau des relations internationales, au point où s'impose désormais la nécessité de soumettre à rude épreuve notre jugement. L'enjeu de notre effort critique est de définir les conditions optimales susceptibles de conduire à la satisfaction de nos aspirations réelles et à la valorisation de notre *Weltanschauung*.

Ces préoccupations sont essentiellement d'ordre éthique et politique. Nous devons parvenir, à terme, à sonder les marges actuelles de notre liberté au sein du brigandage économique et politico-stratégique du grand Capital. La question est de savoir comment garantir une communauté de destin de tous les peuples ainsi que la diversité des intérêts qui y est rattachée. Pour y répondre, il faut examiner le contenu et les conséquences de l'*humanisme abstrait* contemporain. Car, à l'évidence, l'ultime duperie de notre temps consiste en ceci que les acteurs politiques dominants de la scène internationale – les Grandes Puissances, les lobbies militaro-industriels, les dirigeants des multinationales et les actionnaires de humanitaire – font leurs les aspirations et les besoins réels de l'humanité entière. En réalité, ils travaillent à en limiter la portée par rapport à d'autres priorités qu'ils présentent comme vitales, c'est-à-dire celles qui sont conformes à leurs fantasmes morbides et à leurs desseins répréhensibles. Le combat mondial de la « monocratie occidentale » contre les *dictateurs* et les terroristes, tout comme la lutte actuelle contre la pauvreté, participent de cette stratégie normative. Ces idéologies *sérielles* ne cadrent pas avec les attentes des peuples : ils rêvent de libertés fondamentales, de santé, de bien-être. Du coup se dévoile le sens et la valeur de la justice qu'elle induit, qui est abstraite, contradictoire, inégalitaire, voire meurtrière, puisqu'elle induit le droit des Puissants à refuser la reconnaissance existentielle réciproque des acteurs historiques et à « légaliser » les disparités et les conflits armés.

La vulgate sécuritaire et la rhétorique de la paix mondiale impliquent, en fait, la pacification des poches de résistances contre le cynisme géopolitique ambiant – puisque la puissance militaire est mobilisée non pas en vue de construire les fondations d'une interculturalité souhaitable et durable, mais pour satisfaire les lobbies industrialo-militaires, économiques et sectaires. Le système impérialiste actuel institue une dynamique qui fait le lit de la désolation, de la terreur et du crime. Dans l'espoir d'éliminer l'inaliénable altérité, les acteurs historiques dominants ne prévoient que les impasses. Ils s'engagent massivement à résoudre les problèmes qui opposent les citoyens ou les peuples et à régler les conflits armés en les rendant insolubles : il faut rendre la réciprocité impossible !

En guise d'introduction

Le rendu d'un cauchemar : le Mensonge de la Vérité

Deux internautes discutent sur WhatsApp.

- Pourquoi nous bombardez-vous ? demande l'un.
- C'est la coalition internationale ; ce n'est pas nous. Ce n'est pas la France, répond l'autre.
- Mais, j'ai vu des *Mirages* survoler le palais présidentiel, insiste l'Africaine.
- La vérité est ailleurs. N'as-tu pas vu la Croix-Rouge française à l'œuvre dans les quartiers « libérés », en train de distribuer l'aide humanitaire ? explique l'Européen.
- Si, j'ai regardé.
- Alors... Ils ne s'en prennent pas à vous, c'est à votre *dictateur* qu'on en veut, explique l'Occidental. Il faut soutenir cette action, recommande-t-il. Votre gouvernement fait de la désinformation. Ils mentent !
- Et les images des jeunes patriotes désarmés pulvérisés par centaines et dont les dépouilles...
- Non, çà c'est un montage. C'est le Mensonge. La vérité est ailleurs !

La connexion se brouille. Internet est coupé.

Telle est la substance d'une aventure imaginaire singulière. Lorsqu'on se réveille d'un cauchemar pareil, on est très vraisemblablement confus : « La vérité est ailleurs. Quel est cet ailleurs ? Où est-il ? Qui est le *dictateur* » ? Ainsi pourrait-on marmonner. En fait, la difficulté consiste à déterminer la nature de la vérité et du mensonge et d'articuler leur dimension respective du point de vue politique. Pour ce faire, convoquons ceux dont la vocation est de rechercher la vérité et de pourfendre le mensonge : les philosophes.

La « vérité » du philosophe est une « exactitude universelle ». C'est l'évidence qui transcende tout à la fois la vérité scientifique (qui articule les exigences logiques et les canons de l'expérimentation) et les convictions personnelles les plus profondes (fruits de la critique des idéologies et des croyances les plus intimement établies). Spinoza, le philosophe hollandais du 17e siècle, a vu juste : rechercher la vérité revient à se placer sous la conduite de la raison. Aussi la vérité se situe-t-elle au-delà de nos complicités et de nos oppositions. Elle se dévoile sitôt que nous nous soumettons au bon sens qui commande d'affirmer l'humanité de tout être humain et d'engager le dialogue avec lui. Dès lors, s'interroger sur les rapports entre la vérité et le mensonge en politique, aujourd'hui, nous conduit à penser le fonctionnement actuel du monde globalisé, des relations humaines et internationales qui y prévalent.

La pensée sociale et politique contemporaine : une taquinerie critique

Observons d'entrée de jeu que la marche chaotique du monde actuel requiert une démarche critique qui puisse conjurer *la dictature du chagrin*[2] dont elle est porteuse. Aussi le critique social ou politique qui entreprend d'en expliciter le cours dramatique et d'en dénoncer les travers ne recule-t-il pas devant la gravité des faits et la difformité des traits des acteurs en présence ; il n'est ni un spéculateur dogmatique ni un forcené prétentieux : c'est

[2] En référence au texte poignant de Stig Dagerman, *La Dictature du chagrin et autres écrits amers*, traduction du suédois et postface de Philippe Bouquet, Paris, Agone, 2001. Ce livre rassemble les écrits politiques de ce journaliste et écrivain suédois qui s'est suicidé prématurément en 1954, à trente-et-un ans.

un héroïque visionnaire, indigné et réfléchi, qui se défie de toute partisanerie, de tout exclusivisme, et qui, par-dessus tout, honnit le sectarisme. Le business de sa vie consiste non seulement à questionner les ressorts de la mésentente, mais aussi à scruter les bords du politique, tout en tâchant de sonder les modalités du sensible en vue de leur partage équitable, en somme il marque en tout lieu et en tout temps que la politique est un processus d'émancipation intellectuelle, économique[3] et civique[4]. Telle est, par exemple, la figure de l'« heroic philosopher » de Walzer[5]. Michael Walzer voit juste lorsqu'il met en avant le potentiel critique du philosophe à se détacher du quotidien pour appréhender intellectuellement les mutations à venir et penser les normes et les pratiques utiles, souhaitables, dans toute société humaine.

C'est que le monde globalisé est une scène qui articule une dépolitisation des masses et un processus miné de socialisation. La dépolitisation est un effort de refondation

---

[3] À ce sujet, la critique sociologique est d'un apport indispensable. Deux sociologues ont particulièrement inspiré mon propos : Jean-Marc Ela (*Quand l'État pénètre en brousse... Les ripostes paysannes à la crise*, Paris, Karthala, 1990 ; *Afrique : l'irruption des pauvres. Société contre ingérence, pouvoir et argent*, Paris, L'Harmattan, 1994) et Jean Ziegler (*Contre l'ordre du monde, les Rebelles*, Paris, Seuil, 1983 ; *Vive le pouvoir ! Ou les délices de la raison d'état*, Paris, Seuil, 1985 ; *La Faim dans le monde expliquée à mon fils*, Paris, Le Seuil, 1999 ; *Les Nouveaux Maîtres du monde et ceux qui leur résistent*, Paris, Éditions Fayard, 2002 ; *L'Empire de la honte*, Paris, Éditions Fayard, 2005 ; *Destruction massive. Géopolitique de la faim*, Paris, Le Seuil, 2011).

[4] Je reprends ici l'essentiel des idées de Jacques Rancière, contenues notamment dans : *Le Philosophe et ses pauvres*, Fayard, 1983 ; *Le Maître ignorant : Cinq leçons sur l'émancipation intellectuelle*, Fayard 1987 ; *Aux bords du politique*, Osiris, 1990 ; *La Mésentente*, Galilée, 1995 ; *La Chair des mots. Politique de l'écriture*, Galilée, 1998 ; *Le Partage du sensible*, La Fabrique, 2000.

[5] Michael Walzer, "Philosophy and Democracy", *Political Theory*, Vol. 9, No. 3 (Aug., 1981), p. 379-399, Sage Publications, Inc., URL: http://www.jstor.org/stable/191096

sociale à partir d'autres catégories : l'imaginaire, la dignité et la bêtise. Le philosophe, en tant que critique de son temps, s'inspire de la théorie pour forger des convictions raisonnées, à la lumière des évolutions sociales, juridiques et économiques dont il fait l'expérience. L'idée de métapolitique d'Alain Badiou permet de comprendre que la politique est, en soi, une autocontestation discursive[6]. En fait, la politique est le défi auquel fait originellement face la réflexivité. De ce point de vue, elle ne consiste plus uniquement en l'effort de théorisation de l'État, mais également en la production de convictions raisonnées devant sous-tendre l'action publique. C'est ce que traduit le concept de « taquinerie critique ». D'où le rapport entre esthétique et politique qui traverse la présente réflexion. Car penser la politique au miroir de la dépolitisation revient à faire immersion dans le *faire* complexe, dans le vivre-limite ; ce qui inclut en même temps les dimensions non-apologétique, non-partisane, activiste et militante du penser.

Mais le problème est de savoir si l'on peut, avec sérénité, penser le vivre-ensemble dans ces conditions. Est-on en mesure de déterminer un objet circonscrit et disponible à la critique sociale et politique, qui, s'émancipant de ses fondations théoriques, déterminerait, au niveau international, la praxis sociale, économique, juridique et culturelle de toute la prégnance et la pertinence de ses principes constitutifs ? Autrement dit, si l'on considère la politique comme un ensemble d'actions et d'événements impliquant et impactant une communauté d'individus et d'États, c'est-à-dire la substance de l'agir public, une telle question revient non seulement à se demander si l'on peut, de bonne foi, caractériser l'être de l'événement, mais aussi à comprendre les ressorts du mal dans l'Histoire, c'est-à-dire à dévoiler la

[6] Alain Badiou, *Abrégé de métapolitique*, Paris, Seuil, 1998.

vérité de l'homme de notre temps[7]. En un mot, comment sonder une *incertitude irréductible*, comment théoriser l'*impensable*[8] ?

[7] Les textes d'Alain Badiou sont assez édifiants à ce sujet. Je me limite à citer les suivants : *Peut-on penser la politique ?*, Paris, Seuil, 1985 ; *L'Être et l'Événement*, Paris, Seuil, 1988 ; *L'éthique, essai sur la conscience du mal*, Paris, Hatier ; *Théorie de la contradiction*, Paris, François Maspero, 1975.

[8] Il serait particulièrement éclairant de se rapporter aux textes d'André Glucksmann suivants : André Glucksmann, *Le Bien et le mal : Lettres immorales d'Allemagne et de France*, Paris, Robert Laffont, 1999 ; *La Bêtise*, Paris, Grasset, 1985 ; *La Force du vertige*, Paris, Grasset, 1983 ; *Cynisme et passion*, Paris, Grasset, 1981).

Chapitre premier
Notre concept d'Histoire : l'écriture de Marcien Towa

On n'a pas toujours l'histoire qu'on souhaite ou qu'on mérite. Cela s'explique peut-être par le fait qu'on ne trouve pas un intérêt à s'en préoccuper, ou qu'on n'a pas les moyens de s'y consacrer, ou encore qu'on n'a point le loisir d'en entreprendre l'écriture. Peut-être qu'on n'y pense pas tout simplement[9], à cause qu'on est réduit à un amas de fonctions instinctives et accoutumé à être assimilé à un banal termite ou, mieux, à un singe qui n'a pas l'idée de se préoccuper de ce qui *est*. Le philosophe qui étudie cette question peut l'aborder sous plusieurs angles, partir par exemple d'un point de vue ironique ou quasi clinique, comme Nietzsche[10], pour guérir le surhomme de la « maladie de l'histoire » ; il peut également initier de

[9] Towa observe : « L'histoire de la pensée africaine n'est pas seulement ignorée, on peut dire qu'il n'en est même pas question, ce n'est même pas un problème qui préoccupe les Africains » (Marcien Towa, *Histoire de la pensée africaine*, Yaoundé, CLÉ, 2015, p. 7).

[10] Nietzsche écrit : « La faculté de pouvoir sentir, en une certaine mesure, d'une façon non historique devra donc être tenue pour la faculté la plus importante, pour une faculté primordiale, en tant qu'elle renferme le fondement sur lequel peut s'édifier quelque chose de solide, de bien portant et de grand, quelque chose de véritablement humain. [...] Où y a-t-il des actes que l'homme eût été capable d'accomplir sans s'être enveloppé d'abord de cette nuée non historique ? » (Friedrich Nietzsche, *Seconde considération intempestive. De l'utilité et de l'inconvénient des études historiques pour la vie*, trad. Henri Albert, Introduction, bibliographie, chronologie de Pierre-Yves Bourdil, Paris, Flammarion, 1988, p. 80-81.

théoriser les fondements de l'histoire, à travers la description des fonctionnalités et des limites du discours qui l'énonce comme science humaine : c'est le cas d'Aron[11] ; Sartre, en revanche, ne se satisfait pas des exigences purement analytiques, positivistes et transcendantales dont se constitue l'historisme[12], puisque la volonté humaine intervient de plain-pied dans la causalité historique, révélant la particularité essentielle du fait humain : la compréhension de l'histoire est en même temps l'expérience lucide d'un sujet historique réfléchissant ou se dérobant à la critique, c'est-à-dire, dans chaque cas, s'incriminant et se disculpant, consciemment ou de mauvaise foi.

---

[11] Raymond Aron entreprend sa critique phénoménologique de l'historicité principalement dans ses deux thèses de doctorat (Raymond Aron, *Introduction à la philosophie de l'histoire. Essai sur les limites de l'objectivité historique,* Paris, Gallimard, 1938 ; *Essai sur une théorie de l'histoire dans l'Allemagne contemporaine : La philosophie critique de l'histoire,* Paris, Gallimard, 1938) et dans ses *Dimensions de la conscience historique* (Raymond Aron, *Dimensions de la conscience historique*, Paris, Plon, 1960).

[12] Par historisme, j'entends l'approche *criticiste* et *formelle* de la problématique historique suivant laquelle, d'une part, il y aurait des limites constitutives à l'intelligence du fait humain et à l'objectivité historique, et par conséquent qu'il y aurait une obstruction originelle des cadres d'intelligibilité du cours chaotique de l'histoire (à cause précisément qu'il y a des impondérables et des aléas qui échappent au sujet méditant) ; d'autre part, que le penseur ou l'historien ne peut produire qu'une explication parcellaire de produits culturels et des événements historiques qui sont *achevés* en soi, sans jamais légitimement prétendre à en faire dériver des « lois » susceptibles d'éclairer le devenir de l'espèce humaine, puisque, de ce point de vue, les faits interprétés n'ont qu'une portée limitée et un impact négligeable en dehors du contexte respectif de leur occurrence. Très schématiquement, je dirais que Raymond Aron, dans ses premiers écrits, a poursuivi cette tradition dont les plus éminents théoriciens sont Heinrich Rickert,Georg Simmel, Wilhelm Dilthey, entre autres.

Marcien Towa, philosophe et citoyen d'un pays de la périphérie du monde industrialisé, sait, comme Marcus Garvey d'ailleurs, qu'il se « trouve du mauvais côté de la barrière et entend organiser la résistance de sa race écrasée et menacée d'extinction », et que, en tant que tel, « tout homme sain, toute race ou nation saine qui veut se libérer doit penser en terme de sang[13] ». Il estime que l'histoire, « récit et explication des transformations significatives et remarquables[14] », est une tâche à accomplir par l'intellectuel conscient de ses responsabilités ; c'est l'écriture de soi à travers laquelle une pensée critique dépeint un vécu en crise. À travers l'exposé de la pensée de l'auteur de l'*Histoire de la pensée africaine*, nous voulons creuser ces inférences : l'histoire est-elle l'objet d'un besoin, d'un devoir ou d'une nécessité ? Quels en sont la nature et les différents enjeux pour le Négro-africain ? Quels sont le statut et les fonctions du philosophe-historien ? Pour y répondre, nous tâcherons d'abord de préciser les termes de la problématique historique que nous avons retenue, ensuite nous exposerons les modalités de l'écriture du vécu historique africain conceptualisées par Towa, enfin nous expliciterons le statut et les fonctions du philosophe-historien qui s'impose à notre recherche.

I. Les termes d'une problématique fondatrice

La question de l'historicité de l'Africain (ou de la préservation de l'africanité dans l'histoire universelle tumultueuse) sous-tend tout l'itinéraire intellectuel de Towa, depuis ses années d'études jusqu'à sa mort, – les écrits posthumes l'attestent à suffisance : *Histoire de la*

---

[13] Marcien Towa, *Histoire de la pensée africaine*, Yaoundé, CLÉ, 2015, p. 118 et p. 133.

[14] *Id.*, « Zeén ou le chemin », Éditorial in *Zeén, Revue du club de philosophie Nkwame Nkrumah*, n° 1, Janvier-Février-Mars 89, Yaoundé, p. 20.

pensée africaine et *Mégacycle des civilisations industrielles*, – en passant par son passage à la direction de l'Institut des sciences humaines de Yaoundé dans les années quatre-vingt et quatre-vingt-dix.

I. 1. Le goût de la lucidité

Il faut le maquer d'entrée de jeu : Towa tient que le monde *n'est pas beau*, qu'il est *intolérable*. Il a par conséquent choisi « de traiter l'extrême contemporain[15] », presque de manière scientifique, littéraire et philosophique, bref, à facettes. Ainsi, contrairement à la philosophie de l'histoire d'un Aron, Towa[16] considère que la vie d'un individu ou d'un peuple « est trop complexe pour servir de base d'interprétation suffisamment sûre[17] » et qu'en matière d'analyse des œuvres humaines et de compréhension des acteurs historiques il faut, comme le commande le structuralisme génétique de Lucien Goldmann, se rapporter non pas au sujet individuel exclusivement, mais prioritairement au groupe auquel il appartient et à l'histoire de la communauté considérée. L'écriture de Towa capitalise un intérêt unique, à savoir, rendre ce *siècle de fer* véritablement immédiat aux sens et à l'intelligence.

Remarquons que les réflexions de Towa ont retourné la conscience dans tous ses états ou, pour ne pas provoquer l'incompréhension des phénoménologues qui ne croient pas aux contenus de conscience, dans toute sa

[15] Gérard Wormser, « Vers une morale phénoménologique ? Violence et éthique dans les *Cahiers pour une morale* », Gérard Wormser (Dir.) *Jean-Paul Sartre, Violence et éthique*, Lyon, *Sens Public*, p. 13.

[16] Lorsqu'il dirigea mon mémoire de Maîtrise, « Raymond Aron : le scepticisme historique comme idéologie », je compris qu'Aron lui était fort antipathique

[17] Marcien Towa, *Poésie de la négritude. Approche structuraliste*, Sherbrooke, Éditions Naaman, 1983, p. 9.

transparence besogneuse (dans ses empreintes médiatrices : consciencisme et médiations historiques). Towa, suivant en cela Marx, insiste sur l'importance philosophique de coupler la dimension métaphysique du sujet historique et l'« acception politique de la conscience[18] ». Il associe le discernement, le sens du but à atteindre, la connaissance de la voie pour y parvenir et la mutualisation des expériences pour l'élévation des consciences en vue d'une organisation réussie de la lutte pour les libertés, *l'autonomie, la prospérité et la dignité*.

I. 2. Aux sources d'une préoccupation intellectuelle unique : le statut de l'Histoire

Si le thème de l'histoire traverse toute l'œuvre de Marcien Towa, ce philosophe n'entreprend cependant pas une philosophie de l'histoire au sens classique du terme, dans une démarche qui s'attacherait par exemple à sonder les conditions théoriques de l'écriture du passé et qui questionnerait les enjeux de l'historiographie en tant que science du devenir de l'espèce humaine – il disqualifie le théoricisme comme une alternative stérile par rapport à la méthode dialectique. Towa avait suffisamment de ressources intellectuelles pour entreprendre cette critique de l'historicité, mais sa conception de l'histoire le lui interdisait, car une telle voie eût contribué à dévier la trajectoire de ses préoccupations philosophiques : il ne voulait pas seulement comprendre les ressorts de l'écriture des grands événements présents et passés, sonder la personnalité des acteurs majeurs des aventures qui ont façonné nos États et les relations internationales en général ; il avait l'ambition quasi scientifique de percer le mystère de l'aliénation et de la sujétion des peuples africains au *système*

[18] *Id.*, « Au-delà de la négritude, quelle philosophie pour l'Afrique ? », article inédit écrit à Yaoundé le 29 novembre 1983.

d'exploitation et de domination occidental, il s'était fait le scribe de leur vécu. Penser l'histoire, chez Towa, impliquait de concevoir en toutes lucidité et clairvoyance le développement économique de l'Afrique à partir de la constitution et du développement de la *mémoire de nos acquis*[19].

Contrairement à Aron qui exclut de son enquête « tout ce qui touche à l'établissement des faits et à la critique des textes[20] », Towa se défie du contenu et des sources de l'histoire africaine écrite par l'Occident triomphant. Certes, il admettrait avec Aron qu'« en réfléchissant sur l'historien, le philosophe réfléchit sur lui-même, il aperçoit son historicité, encore qu'il ne renonce pas à l'effort pour la surmonter », mais il refuserait certainement que sa réflexion « se détache de la pensée engagée[21] », ainsi que l'auteur de l'*Introduction à la philosophie de l'histoire* le recommande. Quand Towa évoque la philosophie de l'histoire d'un Marcus Garvey, théoricien éminent de la libération des Nègres et auteur de *Philosophy and Opinions of Marcus Garvey*, c'est en référence à « la gravité des problèmes abordés » et à « la rationalité de la démarche adopté pour les résoudre, la

---

[19] Towa n'a pas en vue d'aborder l'histoire idéale, avec ses acteurs épiques, livresques ; il se frotte plutôt à l'histoire réelle, avec ses drames et les promesses qui subsistent aux pleurs et cris des acteurs de chair et d'os. D'où son insistance sur la double dimension rationnelle et affective des acteurs qu'il présente dans ses écrits : « En parlant de pensée je parle des êtres de chair et d'os qui sont pensants. Il ne s'agit pas d'une entité, d'une abstraction posée comme réalité. Il s'agit d'êtres pensants qui sont des réalités de chair et d'os comme vous et moi » (Marcien Towa, *Histoire de la pensée africaine*, Yaoundé, CLÉ, 2015, p. 14).

[20]Je considère les premiers écrits, notamment Raymond Aron, *Introduction à la philosophie de l'histoire. Essai sur les limites de l'objectivité historique,* Paris, Gallimard, 1938, p. 9.

[21]*Ibidem*, p. 11 et 12.

philosophie n'étant rien d'autre que la pensée de l'essentiel par opposition à la fabulation sur l'essentiel[22]. »

I. 3. Philosophie et histoire

Considérons ici son concept de philosophie. Pour Towa, la philosophie c'est « le débat conceptuel de nos problèmes essentiels[23] ». Or, cette problématisation du vécu n'est-elle pas précisément le retour sur soi critique en rapport avec les limites que nous pose l'histoire que nous avons vécue, que nous vivons, ou que nous sommes menacés de vivre ? En effet, envisager la pensée philosophique comme le dévoilement des modalités de l'éveil de conscience historique africaine et des enjeux divers dont il est assorti, c'est concevoir les nouvelles priorités d'une race qui s'est débarrassée de ses chaînes et de ses muselières ; c'est circonscrire le nouvel itinéraire que ses aspirations légitimes et ses fins librement définies commandent d'emprunter. Towa écrit :

> *Une telle évolution serait l'indice que la sombre époque au cours de laquelle l'Afrique n'a été qu'un champ d'invasions non seulement militaires, mais aussi idéologiques, s'achemine vers son terme et que s'ouvre l'ère où notre continent participera de nouveau à l'élaboration de la pensée mondiale*[24].

La philosophie se ramène donc à l'exorcisation permanente des motifs et des mobiles historiques de notre dépendance par rapport au reste du monde, à l'Occident principalement, – « auto-révolution », prescrit Towa, – car « l'Afrique est, dans son ensemble, sous le contrôle d'un système mondial de domination et d'exploitation. [...] Il ne suffit pas à l'impérialisme d'avoir des esclaves, il faut

---

[22] Marcien Towa, *Histoire de la pensée africaine*, p. 117-118.
[23] *Id.*, *L'idée d'une philosophie négro-africaine*, Paris, CLÉ, 1979, p. 5.
[24] *Ibid.*

en plus que ceux-ci soient contents de leur sort[25]. » C'est pourquoi, chez Towa, la problématique de l'écriture de l'histoire de la pensée africaine est articulée à celle de la production de l'histoire africaine générale tout court et au combat pour l'émancipation des peuples africains. Dans l'*Histoire de la pensée africaine*, Towa écrit d'abord :

> *La restitution de sa mémoire collective est nécessaire à la formation de la personnalité d'un peuple. C'est pourquoi l'histoire générale de l'Afrique a marqué un moment de notre processus général d'émancipation. [...] L'histoire de la pensée africaine fournirait un aliment tonifiant à notre réflexion et à la conscience de nos réalités et nous rendra idéologiquement moins manipulables.*

Il poursuit :

> *Ceci dit, il apparaît que refuser l'histoire à un peuple revient à lui refuser la pensée, et inversement, affirmer qu'un peuple a une histoire implique que ce peuple a une pensée. Par conséquent, l'existence de l'histoire d'un peuple conduit à rechercher une histoire de la pensée de ce peuple*[26].

Philosopher, c'est renouveler les cadres de la *lisibilité de notre monde*, c'est-à-dire comprendre *le sens et l'ampleur* des grandes mutations sociales, économiques, politiques et géopolitiques passées et de l'heure, ainsi que leurs enjeux par rapport aux libertés individuelles et au devenir des peuples. En ce sens, Towa prolonge la tradition de l'historiographie multi-genre initiée par les grands devanciers, avec ses moyens propres. L'écriture de soi, pour le Négro-africain, c'est précisément l'effort en

---

[25] *Ibidem*, p. 52 et p. 53.

[26] *Id.*, *Histoire de la pensée africaine*, p. 7 et p. 14).

vue de rentabiliser historiquement l'héritage des ferments d'une tradition unique, celle de la production d'*une pensée progressiste et révolutionnaire*. Le salut des damnés dépend de la maîtrise des contenus et des enjeux de l'écriture des penseurs et politiciens nègres de l'émancipation des plus illustres – les « grands esprits » que sont Blyden, Garvey, Césaire, Nkrumah, Cheikh Anta Diop, Malcom X, Ki-Zerbo, Ali Mazrui, Um Nyobe, Fanon, Cabral, Lumumba, etc.

I. 4. Penser l'histoire : une esthétique de la remémoration

Certes, pour Towa, la philosophie est une pensée de la crise, pas une investigation purement idéaliste, mais celle qui implique la prise en compte des crises historiques et politiques réelles ; philosopher, pour un citoyen de la périphérie du monde industrialisé, c'est se penser comme un sujet et non comme un objet de l'histoire et, donc, se considérer comme un acteur des crises historiques ; c'est, nécessairement, se situer socialement et politiquement comme un facteur et un régulateur de crise dans l'ordre mondial, c'est-à-dire un potentiel adversaire et un éventuel partenaire qui s'impliquent dans les affaires internationales avec la détermination viscérale de se faire respecter par les autres citoyens et ceux-ci par les autres peuples[27]. Aussi Towa se méfie-t-il de l'interprétation de l'histoire par les partisans de l'historisme. En l'occurrence, il critique sévèrement la pensée politique de Husserl. Il rejette notamment son idéalisme outrancier ainsi que son manque d'objectivité dans l'analyse

[27] Towa pense notamment que « le règne de l'amour de tous les hommes, ce n'est pas pour demain. […] Il convient de comprendre, pensons-nous, qu'il n'est pas temps d'embrasser tous les hommes d'un amour universel. Il s'agit plutôt de lutter pour se frayer un chemin à travers la dure réalité des égoïsmes nationaux et raciaux et se faire une place au soleil », (Marcien Towa, *Histoire de la pensée africaine*, p. 144).

historique de l'essor de la philosophie, tel qu'il se manifeste dans sa conférence sur *La crise de l'humanité européenne et la philosophie.* C'est ainsi qu'il peut dire : « Or l'on pourrait objecter ici que cette rationalité, dont Husserl situe l'origine dans la pensée grecque, n'a rien de spécifiquement européen. Les Grecs eux-mêmes reconnaissent l'antériorité de la sagesse égyptienne ou babylonienne. Leur mérite se serait limité à la diffuser. Husserl balaie l'objection du revers de la main par l'argument habituel du caractère « purement théorétique de la rationalité grecque par opposition à la sagesse égyptienne demeurée prisonnière des intérêts pratiques ». Malheureusement cette opinion se heurte à l'affirmation formelle de l'une des figures les plus illustres de cette rationalité grecque, Aristote, qui de surcroît avait une connaissance plus directe de la pensée égyptienne[28]. »

Towa conteste en fait à Husserl la thèse d'une entéléchie de l'humanité européenne exclusive, c'est-à-dire la prétention qu'il y aurait une antériorité grecque de la rationalité philosophique par rapport aux autres civilisations, dont l'Europe doit impérativement renouveler l'expression à travers une phénoménologie intentionnelle et transcendantale. C'est pourquoi Towa s'est plutôt attaché à approfondir la sagesse des Nègres de l'Égypte ancienne et à étudier la pensée grecque, Platon en l'occurrence ; il a poursuivi ses investigations avec les philosophes du 18e siècle, l'anti-idéaliste Anthony William Amo, un Ghanéen professeur d'université à Halle et à Wittenberg, Hegel et Marx notamment, et les a conclues par l'étude systématique du *Consciencisme* de Kwame Nkrumah.

L'analyse faite par Towa de l'imaginaire exotique qui est au cœur de la pensée philosophique occidentale

---

[28] Marcien Towa, « Éditorial », *Zeén, Revue du club de philosophie Nkwame Nkrumah*, p. 7.

moderne – notamment, à travers son interprétation de la poésie de la négritude – nous autorise à envisager la pensée de l'histoire comme une entreprise sociale et politique de premier ordre, à savoir l'esthétisation critique des identités singulières. Le génie de Towa consista à articuler, en permanence, l'explication des ressorts cognitifs, affectifs et idéologiques des mœurs de ses contemporains et l'examen des contraintes socio-économiques et politiques de son temps. Le devoir d'impersonnalité, un goût illimité de liberté et une rigueur d'analyse critique exemplaire et un dévoilement assidu des grandeurs des civilisations historiques et de la bêtise humaine générique caractérisent sa démarche philosophique. Towa n'était guère impressionné par le tapage médiatique qui entoure les grandes figures de l'histoire occidentale : les « Blancs », à quelques exceptions près, n'aiment qu'à parler de leurs idoles ; les héros de la périphérie les indiffèrent. Son concept d'histoire mériterait d'être mieux exposé, car il est sous-tendu par une critique serrée de l'humanisme abstrait contemporain ou, suivant ses propres termes, de « l'universalisme abstrait ».

II. La problématisation philosophique du vécu historique africain

Le texte posthume de Marcien Towa, *Histoire de la pensée africaine*, défend l'argument en faveur d'une approche historiciste de l'écriture africaine. L'histoire, en ce sens, serait le « récit des transformations opérées par l'être humain sur le monde et sur lui-même » (Towa, 2015). Pour le Nègre plus particulièrement, la narrativité de l'acteur historique ainsi comprise consiste plus exactement en un processus réflexif de conquête de sa personnalité historique et politique à travers la production d'une pensée articulée : c'est une entreprise de rationalisation systématique des expériences qui le soustrait à l'aliénation des dominants. Il faut considérer cette thèse à rebours, en confrontant le réalisme positiviste qui la constitue avec le cours inouï des expériences et événements inénarrables qui constituent originellement l'Histoire. Car elle est sous-tendue par le postulat que tout être humain est apte à la pensée, qu'il est capable d'écrire son histoire.

Towa marque que fixer intellectuellement le grand *tournant de l'histoire universelle dont nous sommes témoins* pour en produire les repères, tel est le défi permanent des citoyens, des philosophes et des politistes principalement. Lorsque nous examinons le concept d'histoire de Towa, nous sommes renvoyés à l'expérience sociale et politique de la problématisation de l'historicité africaine et aux conséquences positives de cette approche historiciste sur les identités et sur les médiations qui les modulent originellement.

II. 1. Le concept d'histoire chez Towa

Commentant Marcus Garvey, Towa écrit : « Le présent, essentiellement, plonge ses racines dans le passé pour y puiser sa sève, sa force de propulsion avant de jouer le même rôle pour l'avenir qui, à son tour, s'en inspirera pour la détermination de ses buts[29]. » Ainsi se déclinent le ressourcement et l'ambition de l'acteur historique ; c'est une conscience vivante souple et récalcitrante qui, enrichie aux exigences esthétiques, politiques et morales les plus nobles, rentre en conflit (théorique, méthodologique et de goût) avec les forces réactionnaires du système dont il fait l'expérience et qui, s'agrippant jusqu'au bout à la marge ténue de sa liberté malmenée, s'invente son destin et montre la voie la plus susceptible de nous sauver de la

---

[29] Marcien Towa, *Histoire de la pensée africaine*, p. 140.

misère, des peurs, la peur de la mort en l'occurrence. Et ce salut, Towa nous a recommandé de ne point le quêter chez les charlatans, chez les mystiques, chez les prophètes, ni même au ciel. Chacun doit travailler à en anticiper l'avènement.

Il s'ensuit que l'historien qui travestit les événements sur lesquels il écrit mange l'avenir des sujets de son étude, car il leur vole leur passé et torpille leur mémoire. Aux historiens et philosophes professionnels, on ne connaît pas cette sensibilité cannibale ; l'écriture, chez eux, est un acte de foi, la foi areligieuse en le caractère singulier, sacré de l'homme : ils font office d'intellectuels. Marcien Towa en fait partie. Il veut restituer la trame de son vécu et l'expérience douloureuse de ses semblables ; il veut s'exercer à la compréhension des trajectoires de son existence propre, – « effort de thématisation de notre être distinctif[30] », – un engrenage qu'il a en commun avec tous les damnés de la terre, en somme il veut s'écrire historiquement comme la preuve vivante d'une pensée articulée, *incolonisable*.

D'après Towa, justement, « la pensée est, en tant que telle et en principe, histoire, si vous voulez, la pensée est au principe même de l'histoire », alors que l' « histoire n'est rien d'autre que le récit des transformations opérées par l'être humain sur le monde et sur lui-même[31]. » Et, ainsi que nous venons de le marquer, pour le philosophe négro-africain, philosopher c'est réfléchir par soi, à propos de soi, de tout autre, et de l'avenir ; c'est analyser les comportements, penser les actions requises, sonder le monde tel qu'il va et l'histoire qui se dessine en son centre et dans ses marges, d'où il provient. Contrairement à

[30] *Id.*, *Essai sur la problématique philosophique dans l'Afrique actuelle*, Yaoundé, CLÉ, 1971, p. 55.
[31] *Id.*, « Pour une histoire de la pensée africaine », in *Zeén, Revue du club de philosophie Nkwame Nkrumah*, p. 21.

Arendt qui soutient qu'on ne peut plus s'appuyer sur la tradition ni sur l'histoire pour fixer le cap du futur[32], et convaincu, comme Marx et plus tard Nkrumah, que « le processus dialectique de la réalité n'est pas purement tautologique et répétitif, mais fait surgir des changements réels[33] », Towa démontre que le travail de déblaiement de nos traditions et de notre culture, – la collecte, l'évaluation scientifique et la promotion des contenus de la pensée africaine traditionnelle et moderne dans les bibliothèques et sur le terrain, qu'ils soient de nature orale ou consignés par des textes – le retour critique et assidu sur les conditionnements de l'histoire millénaire de souffrances et de privations sont les tâches les plus susceptibles de permettre aux Nègres de s'affirmer dans un monde en proie à un système totalitaire généralisé.

II. 2. La problématisation de l'historicité ou le travail de notre oubli

Penser l'historicité d'un peuple et de ses assises, c'est donc prospecter au cœur de sa créativité ; c'est un effort pour saisir, de l'intérieur, le processus de production d'une culture ou d'une constellation de cultures en vue non seulement de décrypter méthodiquement le message au monde des peuples qui les constituent à la base, mais aussi de sonder la marge de manœuvre historique de ceux-ci – leurs possibilités réelles d'autoréalisation et d'émancipation.

Je désignerai cet effort réflexif et prospectif par un groupe de mots : le travail de notre oubli. Car le mythe, l'épopée, le récit et le conte, qui caractérisent toutes les cultures, sont en même temps la traduction d'insondables retenues d'une expression entravée ou en maturation et l'indication d'une

---

[32] Cette thèse est notamment défendue dans Hannah Arendt, *Between Past and Future*, New York: The Viking Press& London: Faber and Faber Ltd, 1961 (traduction française *La crise de la culture*, 1972).
[33] Marcien Towa, *Histoire de la pensée africaine*, p. 182.

issue dérobée, d'où persévèrent, intacts, les ferments de la liberté et du développement des peuples. C'est cette idée de dialogue avec soi à partir de la médiation de l'histoire (ou des acteurs historiques vivants) qui constitue le fond de la philosophie de Towa et donne la mesure de la communication exigible entre les citoyens et entre les peuples. Marcien Towa avait bien perçu le défi interculturel qui s'impose actuellement à la pensée et à la *praxis* politique de chaque peuple, à savoir, « l'élucidation conceptuelle de l'anticipation de nous-mêmes dans un monde à promouvoir à la place de celui-ci[34] ». Chaque peuple doit en prendre conscience, les opprimés principalement : il faut déterminer « ce qui en nous est à subvertir pour que soit possible la subversion du monde et de notre présente condition dans le monde[35]. » Autrement dit, dans les temps modernes, pour qu'un peuple aspire à faire valoir ses droits, celui de revendiquer, en l'occurrence, ses goûts, il lui faut considérer le monde industriel et la culture occidentale comme des défis majeurs de la libération de soi. Cette puissance techno-scientifique, avec ses exigences contradictoires de rationalité et de violence, doit donc être rigoureusement interprétée, comprise et maîtrisée. Pareillement et à rebours, pour les acteurs et les bénéficiaires de son système de prédation mondiale, une auto-évaluation et un ajustement de ses propres mécanismes de fonctionnement sont requis en permanence, ceci dans le but de pérenniser le *statu quo* qui leur assure la survie et garantit leur domination millénaire sur le reste de l'humanité. Cet argument introduit à l'historicisme de Towa.

---

[34] *Id.*, *Essai sur la problématique philosophique dans l'Afrique actuelle*, p. 35.
[35] *Ibidem*, p. 75.

II. 3. Les ressorts de l'historicisme de Marcien Towa

Soutenir par principe que l'histoire évolue grâce précisément à son cours réversible et non point qu'elle s'est terminée suivant la rhétorique néo-libérale ambiante[36], que les idéologies sont indispensables aussi bien à la consolidation des privilèges des acteurs dominants que dans la lutte des victimes de l'ordre économique international déséquilibré, inégalitaire et cynique, que « poser le problème de la hiérarchie des valeurs et du sens de celles-ci est le propre de la philosophie[37] » et, enfin, que « le règne de l'amour de tous les hommes » est un défi ardu à relever, mais qu'il faut travailler d'arrache-pied pour convaincre le plus grand nombre de ses avantages pour l'espèce entière, telles sont les idées majeures de l'historicisme dont Towa est l'un des théoriciens principaux de notre temps. Justement, dans le premier éditorial de la revue qu'il crée en 1989, *Zéen*, il écrit :

> *Prétendre assumer sa destinée, se conduire au lieu de se laisser conduire, c'est, surtout pour un peuple ou une classe, développer le sens du but, trouver ou dégager le chemin qui y conduit, découvrir les obstacles, les difficultés et surtout les ennemis qui s'y opposent et, enfin, trouver et mettre en œuvre les*

[36] Au cours de l'année académique 2002-2003 (plus précisément à partir du mardi 18 décembre 2002), à nous, ses étudiants de D.E.A, il avait dispensé un cours intitulé « Les grands courants de la pensée contemporaine », où il exposait sur « les idéologies de la puissance », entre autres, la pensée de Francis Fukuyama, *La fin de l'histoire et le dernier homme*, et de Robert Tucker, *De l'inégalité des nations*. Dans ses leçons magistrales, il avait fustigé « la myopie historique » de ces idéologues américains.

[37] Towa, « Les grands courants de la pensée contemporaine », cours année académique 2002-2003, inédit.

moyens et les appuis susceptibles d'en venir à bout[38].

La pratique de la philosophie, qui est la condition de la libération de soi, est une tâche politique impérative et prioritaire pour chaque peuple. Dans le même éditorial de lancement de la revue *Zéen*, Towa précise sa pensée de la manière suivante :

> *Le chemin est à trouver ou même à tracer, telle est notre certitude, que nous voulons communiquer à d'autres : la certitude d'une tâche grave et complexe à l'extrême. Dans un monde où s'affrontent des forces gigantesques lui imprimant un rythme accéléré, heurté et dangereux, quels seront notre place et notre rôle, et que faire pour occuper cette place et jouer ce rôle ? Dans un tel monde, les peuples inconscients et insouciants, ceux qui se laissent aveuglément porter par le mouvement, sont voués à être désarticulés, ou broyés pour servir d'instruments ou de matériaux aux desseins des autres. On ne peut éviter un tel destin qu'en se fixant un objectif global et en adoptant ou en dégageant une voie pour y parvenir*[39].

La portée de cet engagement citoyen et populaire pour les libertés est sans fin ; c'est une épreuve qui engage toute une vie et qui implique un dialogue permanent entre plusieurs générations issues d'horizons divers.

---

[38]*Id.*, « Zeén ou le chemin », Éditorial in *Zeén, Revue du club de philosophie Nkwame Nkrumah*, p. 9.
[39]*Id.*, « Zeén ou le chemin », p. 5.

III. Le philosophe-historien ou la preuve par le comportement

La figure du philosophe-historien s'impose indiscutablement à l'analyse. Le philosophe-historien est intraitable en ceci qu'il s'assigne la tâche de pourfendre l'injustice, les brimades, la violence gratuite, la comédie malsaine, le crime, le déni d'humanité, quel qu'il soit. C'est en cela que chez Towa, penser c'est *se comporter* conformément aux prescriptions de la droite raison, ou encore en fonction d'une intelligence humaine exercée aux contraintes et aléas de son environnement, car « l'intelligence est supérieure à la force brute[40] ».

III. 1. Le statut du philosophe-historien

La pensée et le parcours intellectuel et politique de Towa sont autant d'épreuves pour quiconque veut s'initier au goût nègre de la vie. En effet, où qu'il fût, à Yaoundé, Paris, Caen, Genève, Londres, Birmingan, Sherbrooke, Moscou, Léningrad ou Bakou, Marcien Towa n'a jamais voulu goûter aux miasmes enivrantes de l'élitisme. Malgré cela, il y a longtemps que l'on torpillait l'unique casquette qu'il eût revendiquée sans sourciller, celle du praticien de l'émancipation, le risque étant grand qu'il éventre notre soif empestée du mysticisme, de la forfaiture, de la bêtise en somme.

Le philosophe-historien est d'abord un intellectuel engagé. Dire qu'Untel est un intellectuel, qu'il est un homme ou une femme qui promeut le bien, n'est pas nécessairement le produit d'un raisonnement apodictique ; c'est marquer par quelques mots très approximatifs l'expérience dense et unique que quiconque peut faire au contact de cette personne, s'il vient à sa rencontre avec un esprit sain et des intentions irréprochables. On venait

---

[40]*Id*, *Histoire de la pensée africaine*, p. 106.

s'asseoir aux côtés de Marcien Towa, enveloppé de sa bonhomie, on ressentait l'intelligence épanouie ; cette chair tentante, cette rhétorique circonstanciée, déterminée, captivante vous envoûtaient. Lorsqu'il vous parlait (par exemple de la cosmogonie Ekang), il n'empoignait pas seulement les mots pour leur communiquer les molécules politisées de sa voix au timbre suave et grave ; les auditeurs qui écoutaient ce contralto dramatique et solennel revivaient l'histoire et l'actualité des Nègres presque à l'identique. D'ailleurs, quelles que fussent sa gravité, son exception et sa bénignité, le sujet abordé se coulait dans des tessitures modérées qui l'acclimataient efficacement dans l'espace social et politique camerounais, africain et mondial ; quels que soient leurs bords politique, religieux, philosophique, ésotérique, etc., les citoyens s'accommodaient de cette voix dont ils restent fiers. Ce qui fait de cet historien de la conscience historique africaine un penseur d'exception, c'est son capital d'objectivation et d'attraction sociale. Sa parole s'est faite en quelque sorte chair, c'est la matière sanguinolente de plusieurs siècles passés au peigne fin de la critique philosophique. Autrement dit, la chose est devenue à la limite instinctive : Marcien Towa, cette voix posthume, c'est désormais l'historien le plus autorisé de l'histoire de la pensée africaine contemporaine. Aussi le lecteur de l'*Histoire de la pensée africaine* adopte-t-il les fragiles secousses émotionnelles qui le gagnent comme le témoignage le plus attesté des attentes, connivences, convergences, hésitations, déformations, dérapages et conflits qui, au quotidien, sont à l'origine de son insondable déprime. Marcien Towa est la vitrine critique des atrocités saisissantes et dissimulées de notre temps.

III.2. Identité et médiations de l'histoire : le don de soi et les marges de la communication

Il en ressort que le philosophe-historien est un critique inspiré de son temps. On sait : l'écriture, comme les autres arts d'ailleurs, est le vecteur de la plasticité du monde. Or, comme toute écriture, la critique philosophique de l'histoire est une affaire d'imagination ; il faut un minimum de spontanéité et d'effort réflexif pour saisir la qualité de nos sentiments, la substance et l'étendue de nos émotions afin de réguler précisément notre intelligence du monde dont nous faisons l'expérience immédiate ou médiate. S'informer de sa sensibilité, dans ce cas, revient plus précisément à l'éprouver, c'est-à-dire à sonder la valeur des passions qui déterminent le rythme – saccadé ou monotone – de l'actualité internationale pour évaluer la profondeur de notre adhésion aux événements ou de notre répulsion par rapport à ceux-ci. C'est plus exactement au creux de cette articulation originelle du ressentir et de la représentation que se déploie l'effort critique de l'historien-philosophe ; on ne peut prétendre avoir le cerveau fonctionnel et un cœur, c'est-à-dire revendiquer le statut d'humain, sans nécessairement se déterminer en même temps à saisir la nature et la portée des battements sociaux, politiques et économiques du monde dont on fait l'expérience au quotidien. Y penser, c'est s'arrêter simplement de jouir de sa vue et de ses prises ; c'est entreprendre d'y réfléchir, au besoin à la dérobée.

L'inspiration du philosophe-historien est quasi expiatoire. C'est l'emportement d'une affectivité au miroir de ses racines propres et de son auto-enlisement dans l'époque. Towa s'est fait sueur pour sonder l'aridité immuable de la chair terrestre des privilégiés qui dédaigne tant les immigrés de ses marges ; cette exaltation, c'est l'imperceptible expiration de sueurs lointaines d'un géniteur consciencieux ou d'une mère labourant la terre, ses nerfs à fleur de peau, cette ombre moribonde issue de ses entrailles sur son dos. Comme des remontées acides, le discours du philosophe-historien se conjugue avec le rythme informe de nos vies dérangées, si longtemps embastillés dans des privilèges criminels des « Autres ». Nous soulageons-nous d'avoir survécu ? On dirait. Car des Lumumba, des Kagame, des Sankara, des Nyobè, des Kamden, des Oumarou et d'autres marmots n'eurent guère cette baraka ; ils avaient décroché du dos de leur génitrice, l'Afrique, et s'étaient accidentellement brisé la nuque sur le sentier colonial qui les ramenait à la case départ. C'est vrai, l'histoire est une véritable hécatombe : les asservis, davantage que les conquérants, y rendent corps et âme, bercés par le corps maternel de l'époque, d'où ils procédaient et qui leur survit. En ce sens le philosophe-historien nègre est un contempteur des prévisions pessimistes des afro-pessimistes, des idéologues qui vouent l'Afrique à la disparition et de tous les autres négrologues mal inspirés par les forfanteries d'un passé ingrat et biaisé.

III. 3. Le philosophe-historien ou le pédagogue et le praticien de la liberté

Le philosophe-historien, c'est plus précisément le pédagogue et le praticien de la liberté ; la liberté comprise comme le processus individuel et collectif à travers lequel un opprimé ou tout autre citoyen, conscient de ses problèmes et motivé par des revendications légitimes, s'active, au quotidien, avec détermination, lucidité et enthousiasme, à concevoir ses priorités et à déblayer le chemin qui mène à la préservation de ses intérêts et à la réalisation pleine de ses aspirations propres. Il se soustrait par conséquent à toutes les auréoles de componction dont on le couvre : c'est désormais une tête brûlée, un sujet historique dont les souvenirs s'embrasent de toutes les expériences déroutantes du passé et qui s'ébroue au-devant des démentis présents qu'il dément. Quoi, un crâne si garni en savoirs et en cheveux peut-il souffrir le martyr de l'érosion du temps ? C'est qu'il faut entendre cette métaphore au sens où Towa l'aurait comprise lui-même, c'est-à-dire comme la figuration d'une individualité singulière disparaissant dans son propre décor pour impulser à ses contemporains le goût de la liberté et le charme de la créativité.

L'écriture du vécu qu'il entreprend, c'est avant tout le ressourcement dans les traditions et les aventures du passé ; c'est aussi l'exorcisation du vécu nègre générique, tel que la mémoire vivante de la critique assidue des mythes, des épopées, des textes divers et des drames historiques le rend présent, complexe, problématique même ; c'est sonder le soi comme un vide significatif, c'est-à-dire tâcher de se comprendre comme une marque en rouge consignée à la marge du texte de l'histoire universelle. C'est une sémiologie à rebours qu'il faut engager pour traduire tout l'enjeu de cette expression dérivée, indiscrète. Nous avons estimé plus haut qu'il fallait, pour comprendre les fonctionnalités, les tenants et les aboutissants de cette écriture à rebrousse-poil du vécu par le philosophe-historien africain, mobiliser aussi bien les fonctions de représentation de la conscience que l'affectivité de l'acteur historique. Qui n'a jamais vu Zanzibar sur scène n'y verrait que du feu... On croirait qu'il s'agit uniquement d'une touffe d'émotions brute. Il n'en est rien. Il a des taches blanches sur le corps ; c'est peut-être de la chaux. Signe de deuil, marque propre au survivant. Mais l'autre nous dit que ce sont les stigmates qu'une histoire personnelle douloureuse ont laissées. C'est la trame visible d'une chorégraphie entérique, la mise en scène antidatée de l'histoire d'un asservissement plusieurs fois millénaire du Nègre. Cette symbolique est en même temps le signe du deuil et la marge ténue laissée à ces humains pour conjurer le sort, l'ultime sort. Il n'est pas nécessaire qu'il eût un jumeau biologique pour se renverser sur lui-même par occasion ; la muse qu'il entretient en lui produit ses frissons de vie qui se transportent sur ces doigts experts.

C'est que celui qui écoute Zanzibar, au même titre que celui qui lit assidûment Cheick Anta Diop, Joseph Ki Zerbo ou Engelbert Mveng éprouve l'étrangeté de son corps et le poids réel, lourd, de son histoire au moyen de cette restitution unique, déroutante. S'il parvient à la pleine conscience de son statut historique réel et des aspirations qui y sont rattachées, il pourrait s'infliger des simulacres de balafres au corps, c'est-à-dire s'exercer à régler son comportement en conséquence. Ce Sisyphe nègre porte en tout temps un sac au dos, le poids des plus terribles souffrances humaines de tous les temps. Tel est son palmarès ! Le philosophe-historien, c'est un colis loquace qui, sans cesse, nous interpelle et nous oriente comme une boussole. Ce sac, est-ce le ressourcement matériel de son émotivité éprouvée ou une hotte à problèmes ? Nul ne peut décider. Très souvent les mystiques, les crédules, les impénitents détracteurs de Towa disent qu'il est un sac à problèmes. Le problème est que nous sommes le contenu de ce sac, ou, du moins, l'affaire de notre vie se joue dans cette pesante hotte, dans son œuvre, et il faut s'ouvrir, l'ouvrir pour mieux se considérer.

III.4. Historicité et comportement : les mémoires de l'avenir

En ce sens, l'analyse critique de l'histoire des peuples de la périphérie du monde industrialisé et des précédés d'écriture de soi qu'elle implique consiste en l'éclairage de l'objet de cette dynamique communicationnelle à travers laquelle les hommes *cumulent* leurs expériences contrastées pour ajuster leurs comportements en conséquence et se substituer à l'asservissement et à l'obscurantisme – ainsi que le démontrent les personnages mis en scène dans la pensée traditionnelle africaine. Écrire l'histoire de la pensée africaine, chez Towa, c'est plus précisément penser les conditions de sa réécriture, c'est-à-dire identifier et dénoncer les distorsions idéologiques qui non seulement en travestissent le cours authentique, mais aussi hypothèquent l'auto-compréhension de ceux qui en sont le contenu. Or, restituer le capital de sens qui en justifie la lecture, c'est aussi mobiliser les outils à cet effet ; c'est surtout concevoir le plan d'ensemble de cette entreprise critique, où l'intelligence besogneuse des acteurs avisés est privilégiée et requise par rapport à la force brute des Maîtres du monde, qui n'est parfois qu'imaginaire. Cela revient en somme à dévoiler, à travers l'exégèse des textes majeurs (anciens et actuels) de plusieurs aires culturelles africaines mutualisées et l'étude de comportements spécifiques (aussi bien celui des ancêtres que l'agir des contemporains), la matière et la qualité de l'intersubjectivité ambiante ou souhaitable qui meut le cours du monde. Or « Point n'est besoin de prouver ce qui est évident pour tous[41]. » Autrement dit, tout en se défiant de ses instincts, il faut s'ouvrir « les yeux de l'esprit » pour appréhender, d'un seul coup et dans les temps présents et immémoriaux, la diversité plurivoque et transformative de l'humanité nègre.

Pour ce faire, il ne faut point que l'acteur historique supprime la tension critique qui sépare la réalité de ses représentations et les signes qui en garantissent un décryptage conséquent ; il ne faut point que la représentation déborde d'affectivité : « Ce musulman qui, pour se protéger ou pour se doter d'une puissance

---

[41]Marcien Towa, *Histoire de la pensée africaine*, p. 106.

surnaturelle, porte au cou ou à la taille un verset du *Coran* prend pour Allah lui-même un chiffon de papier[42]. » Or, se comporter, c'est imaginer être vu. Remonter à rebours le cours des médiations exigibles dans le déchiffrage des événements et des symboles conduit, à terme, à fixer, certes de manière approximative, aussi bien les intentions des acteurs historiques que l'ordre mondial véritable qui gît sous les yeux du corps. C'est en cela que les modalités du « penser » négro-africain postulé ici doivent déterminer le contenu et les trajectoires de l'histoire de l'Afrique ; lorsqu'on maîtrise les sinuosités et les enjeux du cours de notre monde, on parvient nécessairement à l'appréhension de l'ampleur des transformations exigibles pour déterminer sereinement les priorités nègres et pour fixer des objectifs à atteindre en vue de l'émancipation des peuples de la périphérie du monde industrialisé. Écrire l'histoire africaine, en somme, c'est exhumer des identités dissimulées sous des présences quasiment fantomatiques, faussement surnuméraires ; c'est faire provision d'un avenir taillé sur mesures.

III. 5. Marcien Towa : la mémoire impérissable du vécu nègre

Un concept de Boèce donne la mesure de l'histoire de sa vie intellectuelle : la *sempiternalité*[43]. C'est que Towa a tâché de comprendre l'inversion de l'échelle des valeurs dans nos sociétés ; il a entrepris de mesurer la pertinence esthétique, économique et le poids des changements dans

---

[42] *Id.*, *Identité et transcendance*, Paris, L'Harmattan, Collection « Problématiques africaines », 2011, p. 216.

[43] Bertrand Vergely écrit : « La sempiternalité, concept forgé par Boèce, est cette façon qu'a le temps de ne jamais passer, de demeurer en passant toujours. En ce sens, la sempiternalité est une "éternité propre au temps" qui n'a rien à voir avec l'éternité de Dieu » (Bertrand Vergely, *Les philosophes du Moyen âge et de la renaissance*, Toulouse, Éditions Milan, 1998, p. 27.)

nos priorités et aspirations politiques, depuis l'époque glorieuse des pharaons, en passant par l'étude de la saignée de la traite négrière et des diasporas africaines qui en sont la conséquence, jusqu'aux indépendances africaines au moins, dans le but de sonder anticipativement la météo socio-politique des jours qui viennent. Son itinéraire intellectuel indique que nous devons nous inspirer et nous orienter dans ce monde[44] au moyen de la vie irradiante des grandes œuvres de nos historiens et intellectuels les plus exigeants. Car, très lucides par rapport au cours de notre monde, ils ont compris qu'il faut *regarder l'homme et la société dans leur vérité, c'est-à-dire avec les yeux du plus défavorisé*[45].

Le labeur monumental de ces scribes de nos peines, de nos colères, de nos fantasmes et de nos besoins n'a jusqu'ici qu'effleuré la conscience de nos peuples, sans véritablement imprimer une dynamique transformative qui eût pu en redresser les trajectoires sinueuses. Comme lorsqu'on écoute le folklore beti Angara, – que Marcien Towa affectionnait tant – ces ramages soyeux de l'Histoire nous apostrophent : « Nnem o ne ma nkot nkot,*Woye ma bat vee dzeh, Wo ye ma bat vee dzeh ! Woye ma bat yen vééh* !, *Woye ma bat yen vééh*[46] ! » Tel est l'apostrophe de l'historien-philosophe. Que pouvons-nous donner en gage à ces expériences exigeantes qu'offrent les grandes figures de notre histoire, sinon la promesse de s'employer à confondre notre trépas cyniquement programmé par ceux qui s'arrogent le *droit* de tuer sans être inquiétés ? Comme ce folklore beti, Towa est un look, un goût, le résumé de

[44]On pourrait se rapporter àl'article percutant intitulé « De la lisibilité de notre monde », in *Zeén*, n° 2-3-4, sept. 1991-fév. 1992, p. 3-13).

[45] Voir Jean-Paul Sartre, « Les communistes et la paix », *Situations VI : Problèmes du marxisme*, Paris, Gallimard, 1964.

[46] « Mon cœur est asséché, que pourrais-tu encore m'offrir ! que pourrais-tu encore m'offrir ! Ou me verrais-tu encore ! Ou me verrais-tu encore ! » (Notre traduction).

scènes de vies hypothéquées et bousillées, le ramassé des crimes saisissants en somme : c'est le refrain de gloire qui annonce la victoire des damnés.

Marcien Towa est survenu dans notre univers triste et prometteur, piétiné diversement par l'Occident et par « des féodalités ou des bourgeoisies locales », et en proie aux ignorants, aux crédules, aux prestidigitateurs, aux sorciers, aux sectaires, aux fanatiques, aux sodomites, aux pédophiles, aux criminels et assassins économiques de tous acabits : ce fut l'aurore de la philosophie au Cameroun, en Afrique. Le peuple accouche d'un auteur de génie dont les chefs-d'œuvre, en retour, humectent les possibilités de libération et dévoilent le capital de transformation économique, socio-politique et culturelle de celui-ci. Cette rapsodie âcre, mi-sucrée mi-salée, délicieuse comme l'Okok[47], exigeant comme un digestif, se presse depuis de décennies contre nos pesanteurs, nos illusions, nos égarements et notre inertie.

Au final, l'écriture du vécu nègre est-elle déterminée par un besoin cognitif ou est-elle conditionnée par la survivance d'une sorte de foi indéterminée et irrépressible chez le Négro-africain ? Implique-elle une réalité autre qui l'éclaire à rebours et dévoile ses véritables assignations et ses fonctions sociales et politiques ultimes ? De toute évidence, à la lumière des textes de Marcien Towa, marquons que l'écriture du vécu est la traduction d'expériences singulières et d'aventures collectives d'acteurs individuels et de peuples dont la vie est originellement aux prises avec les entraves à leur liberté, à leurs aspirations et à leur *Weltanschauung*.

De ce point de vue, penser l'histoire, pour un intellectuel nègre, c'est aussi prêcher par l'exemple ; c'est surtout vivre réflexivement son trépas comme l'ultime leçon magistrale dont le souvenir travaillera aussi bien les

[47] Un légume très consommé et apprécié dans les pays d'Afrique centrale.

mémoires que l'audience de ses funérailles. Ainsi, comme toutes les grandes figures de la pensée, le crépuscule de sa vie sur terre, c'est aussi l'aube d'un jour où la réflexivité des survivants est à fleur de peau, retravaillant les souvenirs, sondant les incertitudes, prospectant l'avenir. Ni idole ni saint, juste un mammifère raisonneur dont la vocation est d'aménager son grabat sous la pluie de nos débordements comportementaux et politiques. Devant le moment ultime, il garde sa lucidité ; son humeur et son humour étaient intacts. Son goût délicat de la vie et sa sollicitude exemplaire le commandaient. Car, pour rejoindre les ancêtres, qui furent, « aux plus hautes époques de leur histoire, créateurs et libres », il doit être escorté par des anges réels, les enfants, les étudiants, les collègues, voire ses ennemis les plus virulents, et que tous entonnent en chœur la contestation de la déraison ambiante qu'il dépeignait dans ses ouvrages. Son trépas est donc une renaissance. Cette renaissance, c'est le triomphe de notre mémoire historique retrouvée ; c'est le souvenir canonisé de son œuvre entretenu par les générations futures, une seconde vie en somme. Lorsqu'on est un homme bon, qui recherche le Bien et le Vrai, on meurt pour vivre dans l'éternité et, *paré de la maât* ; on est honoré au-delà par les ancêtres et vénéré ici-bas aussi bien par les bons que par les méchants qui nous ont persécutés.

Quoique le concept d'histoire de Towa n'ait pas cessé d'alimenter notre réflexion tout au long de notre réflexion, l'auteur de *l'Essai sur la problématique philosophique dans l'Afrique actuelle* ne subsiste, en fait, que comme un ensemble de signes livresques produits par ses soins ou une série de souvenirs aigus de notre mémoire personnelle. Marcien Towa, penseur de l'histoire et prétexte de notre présente réflexion sur le philosophe-historien, s'éclipse pour mieux rester ; ses écrits guideront les pas des générations présentes et à venir.

Chapitre II
L'esthétique de la mort

- Dis-moi où tu es née
et qui étaient ton père et ta mère.
- Suis jamais née, réitéra la créature, catégorique ;
jamais eu de père, ni de mère ni rien[48].

D'abord ce rappel historique : entre le 18e et le 20e siècle, les Africains-Américains furent rivés à un mutisme constitutif de leur statut d'esclaves ou d'anciens esclaves, jouant leur dissimulation au présent à travers des autobiographies, des fictions historiques et autres œuvres artistiques diverses. Sonder et caractériser le contexte, la matière de cette évasion revendiquée et ses enjeux épistémologiques, socio-politiques et téléologiques, tel est l'objectif du présent chapitre. C'est à partir des notes *symboliques* de leur marginalisation qu'on pourrait constituer le texte de leur historiographie. De ce point de vue, il y a une double dimension réaliste et esthétique qui s'impose au travail du penseur ou de l'historien – davantage dans l'historiographie spécifique que j'appelle le récit de l'*humain-limite*. Il ressort de nos analyses

[48] Hariett Beecher Stowe, *Uncle's Tom Cabin or Life among the Lowly*: Los Angeles, Library of the University of California, Children's books collection, 1900, p. 158-159. Nous traduisons directement les extraits retenus de ce texte et des autres ouvrages en anglais que nous étudions. Nous utilisons la version numérique du livre d'Hariett Beecher Stowe disponible en ligne ici :
http://www.dubyakaygee.com/BMA/BMAepisode144.pdf.

qu'écrire l'histoire d'un peuple opprimé, c'est reconstituer l'identité collective et son intimité saccagée, retrouvée ou en sursis permanent. Dans le cas particulier des Africains-Américains, l'écriture de leur histoire ferait partie intégrante de l'historiographie africaine fondamentale, avec ses repères et ses défis dévoyés. En ce sens, l'écriture de soi serait l'enrichissement mémoriel d'un peuple dominé pendant des siècles ; c'est l'histoire se rejouant à l'endroit, l'aventure histoire recommençant par la prise de conscience des générations présentes et à venir.

Notre approche n'est pas historiographique à proprement parler. Une telle démarche nous aurait amenés non seulement à examiner les principes scientifiques qui gouvernent l'établissement des faits qui sont relatifs à l'histoire de l'esclave, mais aussi à rendre compte des difficultés théorétiques et méthodologiques liées à la reconstitution de la Mémoire nègre. Dans ce cas nous aurions examiné le problème suivant : Quels peuvent être la nature, l'objet et l'enjeu d'une historiographie africaine en général et celle des diasporas des Amériques en particulier ? Autrement dit, peut-on identifier et restituer le passé négro-africain et plus particulièrement celui de la communauté africaine-américaine ? Nous nous situons plutôt du côté de la sociologie de la littérature et de l'esthétique philosophique. Ceci nous conduit à nous interroger sur ce qui peut « toucher » le lecteur qui découvre la peinture de l'imaginaire racial constitutif de l'esclave. De cette posture, nos questions principales sont les suivantes : Quel est le type de narrativité qui a été créée pour dire le vécu de l'innommable ? Comment peut-on se produire comme conscience lorsqu'on est astreint à l'irréflexion, si notre pensée est minée par une longue et permanente entreprise d'abêtissement et d'ensauvagement systématiques et lorsqu'on n'a plus d'esprit qu'un impensé stigmatisant qui nous gouverne de part en part ?

Nous tâcherons d'y répondre à partir de trois principales entrées : d'abord l'exposé des exigences méthodologiques de la sociologie et de la philosophie de la littérature portant sur ce que nous désignons par « humain-limite », ensuite l'articulation de la narrativité et de l'*instant inénarrable*, et enfin l'évaluation de la portée politico-téléologique du vécu historique nègre ainsi restitué.

I. Méthodologie de la compréhension de l'« humain-limite » appliquée à la littérature

Le concept de *vécu* utilisé ici renvoie à l'ensemble des expériences existentielles et historiques qui constituent la pensée discursive et l'affectivité d'une personnalité donnée. Par « humain-limite », nous marquons le seuil critique où éclosent la bêtise et le génie humains, tels qu'ils se manifestent dans les crimes les plus effroyables et les chefs-d'œuvre les plus aboutis. On le voit dans la production et la critique littéraires des 18e, 19e et 20e siècles. Certains écrits littéraires datant de cette époque portent explicitement sur les monstruosités de l'esclavage et de la ségrégation raciale. Citons-en trois : *Uncle's Tom Cabin or Life among the Lowly* d'Hariett Beecher Stowe, *Quidquid volueris* de Gustave Flaubert et *L'Enfant du pays* de Richard Wright.

Mais deux difficultés principales émergent ici. La première est un défi : comment déchiffrer le contenu de ces chefs-d'œuvre ? En quoi rendent-elles compte du statut, de la fonction et des enjeux de l'imaginaire racial constitutif de l'esclave ? La seconde se rapporte à la méthodologie requise en matière de compréhension de l'expérience vécue ; elle renvoie en réalité à la problématique du rapport entre la mémoire et de l'affectivité, et, donc, au problème des *limites de l'objectivité historique*[49] et de la téléologie de l'action.

De l'importance de la sociologie de la littérature et de l'esthétique philosophique

Par rapport à l'œuvre littéraire et à son interprétation, marquons que la sociologie et la critique de la littérature[50], aussi bien que l'esthétique philosophique permettent de penser les expériences à travers lesquelles la conscience aliénée, celle de l'esclave et du colonisé en l'occurrence, s'est heurtée à une actualité qui a compromis l'intelligence de l'histoire. Dans ce cas, le sociologue, le critique ou le philosophe de la littérature s'attache à sonder les cadres formels d'interlocution à travers lesquels les différents protagonistes, les dominants et les soumis principalement, modulent la tension de l'imaginaire qui leur sert de grille de lecture du réel. Cette intersubjectivité, où l'interprète et les acteurs se découvrent et s'informent réciproquement de leurs expériences, disent leurs attentes et aspirations fondamentales, dévoile la matière historique et n'est pas exempt d'idéologie[51]. Ils réalisent que l'expression orale ou écrite, artistique ou scientifique, à travers laquelle ils interagissent, est la manifestation d'une culture sous tension, travaillée tant par le défi de la survie que par la volonté d'accomplissement qui s'exprime dans les œuvres produites. Ces observations permettent de définir une double trajectoire : d'une part celle qui conduit à l'exégèse

---

[49] En référence à Raymond Aron, *Introduction à la philosophie de l'histoire. Essai sur les limites de l'objectivité historique*, Paris, Gallimard, 1938.

[50] Nous pensons notamment à William Blake (avec William Blake, *The Marriage of Heaven and Hell*), Sade, Baudelaire, Kafka, Jean Genet, Marcel Proust, Samuel Beckett, Antonin Artaud (et son théâtre de la cruauté), etc.

[51] Umberto Eco, « Rhétorique et idéologie dans "Les Mystères de Paris" d'Eugène Sue », in *Sociologie de la création littéraire*, Revue internationale des sciences sociales, Paris, UNESCO, 1968, p. 591.

critique de la bêtise humaine (Georges Bataille, Maurice Blanchot, Philippe Sollers) et à la formulation des exigences gnoséologiques et méthodologiques d'une « science de la philosophie et de la littérature » (Jean Paulhan, Claude-Edmonde Magny, Goldmann, Derrida, Umberto Eco, etc.), d'autre part la prise en compte des principes de la psychanalyse existentielle de Jean-Paul Sartre[52].

Par rapport à *science de la philosophie et de la littérature*, arrêtons-nous sur Lucien Goldmann qui l'a formulée dans *Le Dieu caché* notamment. Goldmann y défend la thèse suivant laquelle toute recherche sur les méthodes philosophiques et littéraires est inséparable du dévoilement concret des *structures significatives* (dimensions pratiques, théoriques, esthétiques, affectives, etc.) qui sous-tendent ces créations. En d'autres termes, il pense que la compréhension d'un système philosophique ou d'un génie littéraire donné est tributaire de la vision du monde qui le rend possible.

Développons plus avant ces arguments. Lucien Goldmann est l'initiateur du structuralisme génétique, l'une des premières applications de la méthode marxiste à l'histoire littéraire (il y a eu Lukacs et Lefebvre avant lui). Cette méthode est une sorte de *sociologie de la littérature* qui s'inspire de la double dynamique Dialectique ↔Totalité qui caractérise la pensée marxienne. Rappelons que, pour Karl Marx, l'existence humaine prend la forme de l'activité des hommes ; ce n'est pas le moment idéologique qui crée la matérialité, c'est au contraire l'existence laborieuse des hommes qui structure la pensée. Autrement dit, « ce n'est pas la conscience qui détermine

[52] Elle est formulée par Sartre dans *L'Être et le Néant*, *Questions de méthode* et *L'Idiot de la famille* notamment, qui interroge la possibilité « pratique » fondamentale qu'a un créateur de génie, par exemple Jean Genet et Gustave Flaubert, de se vivre comme un Chef d'œuvre.

la vie, mais c'est la vie qui détermine la conscience[53]. » Plus largement, le structuralisme génétique se propose d'établir une identité générique – le *sujet transindividuel* – et d'appréhender le comportement intellectuel, affectif et pratique de l'homme comme fait significatif. Il y est admis que cette unité des sens se donne au sein de l'intersubjectivité et non au sein d'une seule conscience perceptive spécifique. Aussi *le sujet transindividuel* est-il au fondement de la démarche du structuralisme génétique. C'est à l'aune de cette conscience *possible* et nécessaire que le fait social et historique s'éclaire rigoureusement. Jean Pouillon, dans un commentaire fouillé du *Dieu caché*, a bien restitué le sens de l'exigence de comprendre du structuralisme génétique : « Comprendre un auteur, *écrit-il*, c'est d'abord comprendre ce qu'il a voulu dire, et ce qu'il a voulu dire, c'est la vérité. Il faut admettre cette volonté et son éventuelle réussite, et non la dévaloriser au nom d'un quelconque déterminisme social ou historique. [...] Subjectif et objectif, particulier et universel ne sont pas les termes d'un dilemme entre lesquels il faudrait choisir, ce sont ceux d'un échange constant. Considérer une œuvre comme exprimant une vision du monde, c'est reconnaître sa particularité sans méconnaître pour autant sa valeur de vérité[54]. » Goldmann soutient en l'occurrence : « Il va de soi que la conscience du sujet *transindividuel* n'a pas de réalité propre et n'existe que dans les consciences individuelles engagées

---

[53] Karl Marx et Friedrich Engels, *L'Idéologie allemande*, précédé de Karl Marx, *Thèses sur Feuerbach*, Éditions sociales, 1976, p. 78). Marx envisageait la nécessité d'une libération collective. Et pour ce faire, le discours idéologique n'était pas requis comme un préalable à l'action et la liberté ne devait pas être perçue comme un attribut du sujet pris dans sa singulière individualité, mais comme un acquis de l'organisation et du combat de tous les prolétaires.

[54] Jean Pouillon, « Le Dieu caché ou l'histoire visible », dans *Les Temps Modernes*, n°140, octobre 1957, p. 897.

dans un ensemble de relations structurées[55]. » Les réflexions de Goldmann sont sous-tendues par une conception spécifique de l'esthétique qu'il développe dans *Le Dieu caché.* Elle consiste en « deux paliers d'adéquation nécessaire : a) celui qui articule la vision du monde comme réalité vécue et l'univers créé par l'écrivain ; b) celui qui porte sur le parallèle entre cet univers et le genre littéraire, le style, la syntaxe, les images, bref, les moyens proprement littéraires qu'a employés l'écrivain pour l'exprimer ». Et, par rapport à la réalité vécue, Goldmann précise qu'elle n'est pas vécue par l'auteur, « mais par le groupe social qu'elle [l'œuvre] exprime[56] ».

Quant à la psychanalyse existentielle, nous observons d'abord que, pour comprendre l'histoire de la vie humaine, la démarche de Sartre est d'en faire l'occasion de l'exploration d'une liberté aux prises avec ses propres choix et les défis qui les constituent. La psychanalyse existentielle se propose de tenir également compte des ensembles synchroniques et diachroniques, c'est-à-dire, d'une part, de retrouver la particularité qu'a l'histoire individuelle de se laisser éclairer en même temps progressivement, en tant qu'elle représente une initiative engluée dans le corps social ; et, d'autre part, dans la mesure où elle doit en permanence s'arracher de sa situation pour requérir l'objet qui structure ses besoins ainsi que la nécessité de transformation que ceux-ci incarnent, elle requiert une compréhension régressive

---

[55] Lucien Goldmann, *Sciences humaines et philosophie*, suivi de *Structuralisme génétique et création littéraire*, Paris, Société Nouvelle des Éditions Gonthier, Bibliothèque Médiation, 1966, p. 152. Voir également les analyses qu'il consacre au théâtre de Sartre dans son ouvrage intitulé : *Structures mentales et création culturelle*, Paris, Anthropo, 1970, 10/18.
[56] Voir Lucien Goldmann, « Le Dieu caché. La "Nouvelle critique" et le marxisme », dans *Les Temps Modernes*, n° 132-133, février-mars 1957, p. 1624-1625.

d'elle-même comme liberté se créant ses possibilités propres[57].

Notons, par ailleurs, que l'exigence de compréhension sartrienne, telle qu'elle s'articule dans la psychanalyse existentielle et à travers la méthode progressive-régressive, n'est pas incompatible avec le structuralisme génétique. Car, si la structure de l'anthropologie existentielle peut être saisie adéquatement à travers sa propre méthode, sa signification historique quant à elle – c'est-à-dire ce qui en fait un événement au regard de l'histoire de la philosophie et qui justifie notre intérêt aujourd'hui – ne saurait être mieux appréhendée qu'au niveau précisément du contexte. Ainsi, alors que la psychanalyse existentielle étudie l'auteur comme un personnage à part entière, avec ses affects, émotions, fantasmes, ignorances, oublis, pensées et besoins, c'est-à-dire qu'elle définit son profil psychosomatique au moyen des exigences industrielles, socio-politiques, économiques et culturelles qui l'encadrent, le structuralisme génétique, quant à lui, restitue l'époque à l'auteur et aux amateurs de son œuvre ; il lui restitue ses oublis et ses espérances avortées. Il montre que le monde que décrit un auteur donné le dépasse. Autrement dit, l'œuvre advient comme la « logique » d'une époque, c'est-à-dire la trame de l'histoire de ce temps, en tant qu'elle capitalise, à travers sa singularité marquante et son originalité, d'une part, des opportunités offertes aux hommes qui y évoluent ; et, d'autre part, l'impossibilité pour les masses humaines de (se) comprendre (dans) leur *praxis* ou d'en vivre.

---

[57] Sartre écrit : « Or ressentir, c'est déjà dépasser vers la possibilité d'une transformation objective ; dans l'épreuve du vécu, la subjectivité se retourne contre elle-même et s'arrache au désespoir par l'objectivation. » (Jean-Paul Sartre, *Critique de la Raison dialectique. Précédé de Questions de méthode*, Paris, Gallimard, t.1, 1985, p. 80).

Prenant appui sur ces méthodes d'analyse *scientifique* du texte littéraire et en appliquant les principes heuristiques de l'esthétique philosophique des œuvres d'art choisies *supra*, nous pouvons pertinemment déterminer ce que l'esclavagisé et le néocolonisé disent du vol de la possibilité de penser.

II. Indices et amorce d'une compréhension philosophique du *vécu* historique

Commençons par lire cette dédicace de l'*Éloge de l'infini* : « Ce livre s'adresse aux musiciens de la vie[58]. » Ainsi s'expriment les philosophes esthéticiens. C'est que la philosophie moderne est une enquête sur les ressorts de la réflexivité. En effet, depuis Descartes au moins, la critique philosophique a établi que penser implique qu'on associe les fonctions réflexives et affectives, cognitives et imageantes de la conscience. Il s'agit en somme de vouloir, de refuser, de désirer ou de manifester son dégoût, etc. Qu'est-ce à dire, sinon que la critique rationnelle s'est attachée à porter un regard critique sur la matière de la conscience, en tant qu'elle articule plusieurs dimensions, notamment, l'entendement et l'affectivité. Les philosophes ont dès lors entrepris d'établir que penser, c'est expliciter l'impensé[59] qui gouverne toute entreprise réflexive.

---

[58] Philippe Sollers, *Éloge de l'infini*, Paris, Gallimard, 2001, p. 9.

[59] La question relative à l'impensé est très intimement liée à celle des limites de la raison. Elle s'énonce ainsi : en quoi la raison, qui a pour rôle de tout clarifier, de tout expliciter, peut-elle en même temps se contester comme la source de la pensée ? Autrement dit, comment l'être humain, qui est capable de raisonnement, peut-il s'accommoder d'une passivité contre-productive et destructrice ? Par le concept d'impensé justement, nous désignons tout dispositif cognitif et idéologique, mi-conscient mi-dévoyé, qui vise à expurger la pensée d'une de ses modalités constitutives, à savoir, le jugement du goût ou la conscience du beau. L'impensé est le produit du travail sur soi de celui qui est réduit au silence ou qui choisit de se complaire dans sa situation de dominé. Il est du

Autrement dit, la compréhension doit être en permanence adossée au raisonnement discursif. C'est ce que dit René Le Senne : « Regarder, c'est aussi voir ce qu'on ne regarde pas, mais repoussé dans une pénombre. Aussi les contradictions les plus abstraites sont-elles encore émouvantes. Le cœur est toujours au foyer de l'intelligence[60]. » L'esthétique philosophique éclaire par là le statut de l'imaginaire, ainsi que les rapports qui existent entre la réflexivité, l'affectivité et la mémoire.

Historicité et émotivité

Georges Bataille estime, pour sa part, que toute entreprise philosophique de compréhension de l'expérience vécue doit privilégier l'analyse des *états d'émotion les plus intenses*. D'après Bataille, la critique des émotions et de leur fonction dans l'histoire est une tâche éminemment philosophique, puisqu'elle consacre cette discipline comme « la somme des possibles, au sens d'une opération synthétique, ou rien[61] ». Bien avant

---

ressort de *l'inavouable*. La critique esthétique a pour but d'expliciter l'impensé. Or, à proprement parler, cet impensé ne se rapporte guère à une dimension inconsciente de l'homme qu'il reviendrait de dévoiler au moyen des méthodes psychanalytiques, mais plutôt au produit de l'interaction entre le déploiement historique d'un sujet donné et l'esquive ou la fuite devant un quotidien ingrat ou qu'il veut mouler suivant ses convenances exclusives. Mais privilégier l'impensé aux dépends de l'effort de compréhension dialectique a pour enjeu le redimensionnement, voire la désarticulation, de la conscience entre un entendement auto-suffisant et une affectivité contre-productive. C'est le fait d'une volonté sevrée de la sensibilité qui entreprend d'inhiber les atrocités de ses errements au moyen d'un vécu de substitution aussi ludique qu'invraisemblable.

[60] René Le Senne [1949], *Le Devoir*, Paris, PUF, 1950, 2e édition, Collection « Bibliothèque de philosophie contemporaine », édition électronique des « Classiques des sciences sociales », réalisée par Réjeanne Toussaint le 21 juin 2010 à Chicoutimi, Canada, p. 42.

[61] Georges Bataille, *L'érotisme*, Paris, Les Éditions de Minuit, coll. 10/18, 1957, p. 278.

Bataille, Hobbes a établi que l'imagination et la mémoire sont les deux faces de notre vie psychique et affective. Selon lui, l'imagination déprécie le monde de la sensation ; c'est la marge d'une conscience engluée dans le chaos du quotidien. La mémoire quant à elle reconstitue le processus de dépréciation des sensations et des perceptions. La mémoire imaginative impliquée dans les récits et autres écrits autobiographiques de l'esclavage se rapporte à notre faculté à sauvegarder les expériences antérieures accumulées au cours de la vie (ce dont nous avons une conscience ou une connaissance intime due à une habitude exercée dans le temps) et à questionner réflexivement (à ressusciter) ce passé suivant les nécessités existentielles, sociales, politiques, idéologiques et économiques présentes. Par conséquent, prendre en charge l'impensé de notre temps requiert que l'on questionne à rebours les sentiments enfouis en nous, héritage du goût de la vie accumulé dans le passé, qui persévère en nous sous la forme d'une permanence quasi instinctive, qui aimante nos délibérations, nos choix et nos décisions.

Si notre ambition est de *penser les notions de « mémoire » et d'« identité »*, alors nous sommes irrémédiablement conduits à remonter la pente très prononcée de notre oubli, c'est-à-dire à retrouver les traces de l'imaginaire qui nous a déterminés historiquement. Nous devons l'expliciter systématiquement. Nonobstant, nous ne faisons rien d'autre que nous conquérir nous-mêmes et compenser notre excavation ourdie.

III. Narrativité et instant inénarrable : nature et fonctions du « Nègre » considéré comme l'imaginaire racial constitutif de l'esclave

Les personnages Amantha Starr[62] et Wilfried[63] illustrent avec force l'insondable tension existentielle du *damné de la terre* pour maintenir son jugement lorsque son identité est contrariée, hypothéquée ; lorsque, convaincu d'être une Blanche ou un Blanc, il réalise dans une imprévisible brusquerie qu'il est une Négresse ou un Nègre ordinaire. Alors, le monde s'effondre sous les pieds ; le temps s'éclipse sous la peur envahissante et, se réveillant lourdement du songe qui a miné l'éveil, il fait face au cauchemar du quotidien pour sauver l'avenir qui fuit sans cesse ou pour se résoudre à disparaître dans les flammes du déshonneur ambiant.

L'identité postposée : l'être-nègre ou l'oubli de soi

Tâcher de s'identifier et de se retrouver dans le silence de ses tourments, réflexivement, c'est s'enfoncer ferme dans l'enserrement irrépressible du néant. Amantha Starr l'exprime avec une lucidité déroutante : « OH, QUI SUIS-JE ? PENDANT LONGTEMPS, CE FUT LE CRI DE MON CŒUR. Il y avait des moments où je me répétais à moi-même mon propre nom – mon nom est Amantha Starr –, encore et encore, essayant en quelque sorte de me faire vraie. Et puis, même le nom se volatilisait dans l'air, dans l'énormité du monde. [...] Néant – il y en a de deux types, quand tu te sens abandonné à toi-même, solitaire en ceci que la distance se supprime pour toujours, et lorsque tu ressens comme si les parois du monde convergeaient pour t'écraser[64]. » De ce

[62] Robert Penn Warren (1955), *Band of Angels*, Baton rouge: Louisiana State University Press, coll. Voices of the South, 1994.

[63] Joseph Ngoué, *La Croix du Sud*, Paris, Les Classiques africains, 1997.

[64] Robert Penn Warren (1955), *Band of Angels*, p. 3.

point de vue, l'identité du nègre est comprise dans l'énonciation du locuteur blanc en tant qu'altération constitutive d'une structure grammaticale callée, avariée, finie. On sait le mot fatidique de Wilfried « Ils l'ont dit, je suis un nègre. [...] O Blancheur, couleur prestigieuse, suprême assurance et ultime recours où nous puisons tous, des génies aux médiocres, la vertu naturelle qui nous rend partout et toujours, face aux autres races, des chefs incontestables ». Considérons l'attitude de Karmis, le quasi esclave de Wilfried, lorsqu'il expire. Ngoué écrit : « Leur ardeur s'est altérée lorsque Karmis, ivre de coups, de crachats et d'injures, mais vociférant jusqu'au dernier instant le mot « Liberté » a expiré[65] ».

Dans les deux cas, ces mammifères naviguent entre l'impossibilité d'être-soi, c'est-à-dire se constituer en tant que sujet parmi d'autres, et l'impossibilité de ne pouvoir échapper à la fatalité de *l'être-objet* : ce sont des prétextes aléatoires et non-indispensables du discours des « vrais » citoyens ; ce sont des objets de l'oppression, l'exutoire de la domination, des prototypes désignés de la bêtise humaine. Ils sont victimes d'une phénoménalité diffuse et envahissante qui leur vole leurs gestes ainsi que le sens du quotidien et leur impose l'étrangeté insensée de la chosification décrétée, extraordinairement prégnante, revendiquée, voire vécue. Alan Locke a vu juste : leur ombre est infiniment plus réel que leur personnalité. Autrement dit, il y a un abîme entre l'objet des rêves, les aspirations les plus intimement entretenues dans le cœur du captif et les souvenirs implacables que livre fidèlement sa mémoire bornée par l'attente des sévices à venir.

[65] Joseph Ngoué, *La Croix du Sud*, p. 24 et 65.

Vivre, c'est rêver de soi : une lecture de l'Uncle's Tom Cabin

L'esclave, c'est le comédien de la mort. Il de mimer le souvenir d'une identité volée, détruite, d'une humanité effacée, en somme il doit revendiquer avec joie la *mémoire d'un amnésique*, pour reprendre un mot de Jacques Lanzmann – il est tout, sauf rare, de tomber sur des scènes romancées où il est demandé aux Nègres de se faire comédiens et de se produire devant un public blanc. Avec l'esclavage et la colonisation, les Négro-Africains ont développé le sentiment que *vivre, c'est rêver de soi.* L'esclavage est une entreprise cynique d'extorsion de la volonté et de l'affectivité du Nègre. Considérons cette scène poignante de l'*Uncle's Tom Cabin* dans laquelle George et Eliza se séparent dans un bain de sanglots et de pleurs. Pour le Nègre, vivre c'est toujours bénéficier de l'exemplaire magnanimité d'un maître qui le laisse vivre et dont sa vie n'est qu'une pâle copie, comme les ombres prémonitoires de Platon. Or, dans ces conditions, c'est plus exactement survivre à la menace permanente de se séparer, des chiens et du maître d'abord, ensuite et surtout de tous ceux/tout ce à quoi on tient le plus. On sait la scène surréaliste où Eliza se sauve avec son fils et les jouets de celui-ci. C'est en cela que consiste l'abrutissement, une mystique pernicieuse où l'on entreprend de soustraire le sujet à son propre corps, en hypothéquant durablement la vie qui l'anime originellement. Que dire, sinon qu'après lui avoir dénié l'esprit (la capacité de juger par soi, de s'autodéterminer), on entreprend de faire tarir sa sensibilité ; il ne doit demeurer qu'une motte pâteuse de muscles raidis, un utilitaire interactif. On comprend les conséquences de ce massacre d'émotions vives. Dans l'impossibilité de se projeter dans l'avenir, les esclaves travaillent à scruter les contours de leur présent d'emprunt ; leur affectivité et la matière de leur mémoire sont une tension permanente de sombrer dans l'oubli, dans leur insignifiance historique, dont témoignent la férocité des chiens-pisteurs d'esclaves, le discours et les pratiques cyniques des maîtres-chiens. En somme, pour eux, vivre c'est s'écarteler sans repères entre un quotidien implacable et un avenir imprévisible.

Le sous-titre *Life among the Lowly* indique que fondamentalement, le goût de la vie est différent suivant qu'on est parmi les Maîtres et les dominants ou qu'on fait partie des *modestes*. Dieu est également mis à contribution pour attester ces vérités du fouet. Car, le raciste a une foi conditionnelle : il croit en Dieu, dans l'exacte mesure où il Lui sait infiniment gré d'avoir mis dans sa cervelle le *bon sens* qu'Il a dénié aux Nègres. Ce privilège est le ressort unique de sa dévotion religieuse. À preuve, Tom, le Nègre intègre que Beecher Stowe met en scène dans son récit, *est considéré comme une sorte de patriarche en matières religieuses*. Mais, comme le locuteur imaginaire de Montesquieu, Haley lui dénie, et à tous les Nègres en général, le droit élémentaire de fantasmer et d'avoir la foi religieuse. En fait, il leur interdit de croire, même en eux-mêmes.

Le Maître-esclave et le ségrégationniste, comme l'*hydre perfide* de l'intégrisme religieux, sont des fanatiques ; ce sont des irréductibles de la « blancheur ». Leur humanité est plus exactement un amas de sentiments rassis, qui ne sont que très rarement rafraichis par la résurgence occasionnelle de l'instinct de mort qui caractérisent tous les êtres vivants. C'est ainsi que Haley, propriétaire d'esclaves foncièrement raciste, qui ne parle de Nègres qu'en termes de singes, pleure d'instinct lorsqu'Eliza plonge dans le fleuve (Ohio river) pour lui échapper. Or, ainsi que l'a montré Voltaire dans son

Dictionnaire philosophique[66], les conséquences humaines d'une misanthropie si sélective sont inestimables. Comment ne pas subodorer que Voltaire, dans *Le Misanthrope*, recourt à une sorte de rétro-jection littéraire à rebours pour s'en prendre au système économique de l'esclavage des Africains.

C'est dans ces conditions qu'est formulée l'équation esclave = Input économique. Un esclave, suivant la description qu'en donne Haley, est un potentiel gain économique ou une perte sèche. On sait la scène où une esclave se suicide après la vente de son fils et dont le Maître, un mammifère sans remords ni émotion, se contente de répertorier la mémoire sous la rubrique de la perte de profit – une marchandise est tombée à l'eau ! Dès lors, on peut acheter un Nègre pour en faire un attelage, un carrosse, un grand chien noir utilisé pour pister les esclaves qui tentent de se soustraire à l'emprise de leurs Maîtres. À moins de considérer des cas rarissimes où l'on achète le Nègre pour le rendre heureux ou, plus exactement, pour le laver de la honte d'avoir été séparé de son épouse et de ses enfants sans opposer de résistance aux trafiquants d'esclaves. Or, aussi paradoxale que cela puisse paraître, le miracle de la conversion des maîtres dépend en grande partie de l'innocence de la jeune génération. C'est précisément à ce subterfuge que recourent la petite Eva et son père pour « libérer » Tom. Pour être heureux, le vieux Tom, avec ses dons dans les

---

[66] Voltaire écrit en effet : « Celui qui a des extases, des visions, qui prend des songes pour des réalités, et ses imaginations pour des prophéties, est un fanatique novice qui donne de grandes espérances ; il pourra bientôt tuer pour l'amour de Dieu. [...] Les lois et la religion ne suffisent pas contre la peste des âmes ; la religion, loin d'être pour elles un aliment salutaire, se tourne en poison dans les cerveaux infectés » (Voltaire, *Dictionnaire de Philosophie – 1764-* extrait de l'Article « Fanatisme », section II).

arts, est acheté comme *une des roses du jardin d'Eden* par Eva, sa nouvelle Maîtresse blanche âgée de cinq ans !

Le postulat de l'impensé de la raison ou les dimensions métaphysique et téléologique de l'esthétique

L'impensé occidental de l'esclavagiste stipule que n'eût été ce rachat, le Nègre ne serait qu'une créature quelconque abandonnée dans la nature. Lisons cet extrait de texte où se mêlent une rhétorique calibrée et une description littéraire du monde souterrain qui commande au système esclavagiste, avec ses aberrations, les instincts morbides ambiants et la bêtise de ses acteurs dominants :

- *Quel âge as-tu, Topsy ?*
- *Sais pas, Madame, dit l'image.*
- *Tu ne sais pas ton âge ? Personne ne te l'a jamais dit ? Qui était ta mère ?*
- *J'en ai jamais eue ! dit l'enfant.*
- *Tu n'as jamais eu de mère ? Que veux-tu dire ? Où es-tu née ?*
- *Suis jamais née ! persista Topsy, avec un autre sourire espiègle*[67].

À défaut de le maîtriser, le temps devient un monstre qui dévore et engloutit les repères identitaires de l'esclave. Topsy l'exprime avec adresse :

« - *Connais-tu celui qui t'a créée ?*
- *Personne, à ce que je sache, dit l'enfant, avec un petit rire. Je suis apparue j'ai grandi. Pense pas que quiconque m'ait jamais créée*[68]. »

On comprend pourquoi les spéculateurs travaillent à effacer sa conscience du temps, c'est-à-dire la permanence originelle qui constitue chaque être humain comme

---

[67] Hariett Beecher Stowe, *Uncle's Tom Cabin or Life among the Lowly*, p. 158-159.
[68] *Ibidem*, p. 159.

bâtisseur de son histoire propre et acteur potentiel de l'Histoire universelle. Or, soustraire la conscience individuelle du temps à un individu a pour conséquence directe de le condamner à survivre comme une brute, un primate condamné à assouvir ses besoins organiques élémentaires, rivé à la tâche unique de satisfaire les *desiderata* de ses maîtres.

La trame d'un quotidien mortifère

Qu'est-ce, sinon la bêtise érigée en norme sociale et politique dans un univers déshumanisant et anachronique. Et les conséquences d'une telle raideur émotionnelle sont énormes. Une affectivité heurtée, compromise, est tout sauf porteuse d'un capital d'empathie susceptible de constituer une base solide pour une compréhension interindividuelle efficiente, pour un dialogue interracial et interculturel fructueux. À preuve, la situation sentimentale intenable de Topsy, qui est inimaginable pour Eva :

« - As-tu jamais aimé quelqu'un, Topsy ?

- Sais rien de l'amour ; j'aime les friandises et des choses pareilles, c'est tout, confia Topsy[69] ».

Dans un tel contexte socio-politique, il n'est ni utile ni conséquent pour un Nègre de se préoccuper des questions de sentiment ou d'affection réciproque. Mais il est une situation unique qui garantit une égalité parfaite de condition entre les maîtres et les esclaves : c'est la mort. En effet, aux portes de l'éternité, les mains blanches et nègres se soutiennent dans une *étreinte égalitaire*.

Comment comprendre cette *langueur fiévreuse* qui prend les premières et les détermine à assujettir des générations successives de nègres, à massacrer de millions de vies, sans remords ? Sont-ce leurs yeux qui, pris dans les nuages épais de leurs sottises, déraillent ? S'ils ne

---

[69] *Ibidem*, p. 191.

peuvent parler de ce qu'ils ne sentent point, ne devraient-ils pas suivre l'exemple d'Eva et de Mlle Roque de *L'éducation sentimentale* de Flaubert, qui, pour se figurer la vie, c'est-à-dire pour s'épanouir aux splendeurs de l'Art et de la Nature dont elles rêvent, commandent « deux grandes statuettes polychromes représentant des nègres ». *L'Éducation sentimentale*, justement, présente une scène où un nègre bat le tambour, à la tête du cortège des « Artistes peintres » et une autre où Fréderic réclame la parole pendant qu'« une espèce de singe-nègre » espagnol le distrait. Or, pour aspirer à la moralité, mériter le bonheur et concevoir le vrai, est-il requis de cultiver en soi des épanchements de sottise infinie, ou de s'incorporer une excellence humaine niaise et légendaire ? En d'autres termes, pour se dégourdir le *bon sens*, qui défaille au-devant de la *bêtise humaine* générique, faudrait-il prétendre reconnaître le beau au surgissement de l'émouvant, ou quêter l'utile et le juste aux encablures de l'exotique ? Pour ressentir de *grandes ardeurs altruistes*, faudrait-il nécessairement s'astreindre à invoquer de grandes images de candeur et de *pureté*, celle du Nègre par exemple ?

Le récit et l'inénarrable : le défi de la réflexivité et de la communication interraciale

Les textes que nous venons d'étudier permettent d'affirmer que le narrateur est le légataire des sentiments ensevelis. Sondons ceux d'Eliza, *créature la plus désespérée et la plus malheureuse qu'on puisse jamais concevoir*[70], lorsqu'elle prend la fuite pour se soustraire à sa vente et celle de son fils. À l'analyse, il devient manifeste que le Nègre, puisqu'il est impossible qu'il ait

[70] *Ibidem*, p. 43.

des origines[71] autres que le cadre restreint de vie de ses maîtres présents et potentiels, est la propriété d'acteurs historiques véritables, les sujets de droit et les détenteurs du pouvoir politique par excellence, les Blancs. Écrire, pour le Nègre, revient par conséquent à se voir sous son vrai jour. L'expression est une auto-herméneutique qui ne laisse pas de répit au scribe de circonstance ; il se découvre ses limite, sa grégarité, son insignifiance constitutives ; il délibère, (se) creuse pour articuler son présent, sans jamais y parvenir totalement. Lorsqu'un Blanc est le *nègre* du Nègre, ou lorsqu'ils écrivent ensemble son histoire en tant qu'esclave ou ancien esclave (comme c'est le cas avec Tom et Eva), l'intelligence et l'affectivité délibératives de ce non raciste est comme une digue qui l'empêche de sombrer dans l'inertie de l'inexpression, dans le silence ambiant qu'exige de lui l'idéologie et les politiques racistes ayant pignon sur rue. Cette écriture métissée, fruit de la collaboration de quatre mains liées par une empathie comparable, est une remémoration heuristique qui restitue le sens de l'identité, la trame des sentiments enfouis, ignorés ou interdits.

Mais il faut un effort soutenu et renouvelé de prise de conscience, un travail de réflexion personnelle : la réflexivité exercée est la garantie la plus assurée de la communication interraciale. Il faut, par conséquent, s'enquérir de ce que l'autre est capable de ressentir à partir de ce que l'on vit intérieurement (voir le dialogue entre Eliza et Mme Bird au sujet de la mortalité infantile à travers lequel cette dernière prend conscience de la cruauté du système de l'esclavage). Or, la parole du Nègre asservi est plus exactement une entrave discursive ; ce n'est pas à proprement parler un discours articulé, c'est une pétrification de l'expression au moyen de l'obstruction des

[71] L'écriture d'Alex Haley l'illustre avec beaucoup de force. Voir Alex Haley, *Roots : The Saga of an American Familly*: USA, Doubleday, 1976

mouvements du corps. Il doit être enchaîné au quotidien afin que se réalise, en lui, ce miracle de l'abêtissement que l'esclavagiste et le colon prédisent. Et tout le défi de la communication interraciale s'y trouve impliqué : dans l'inévitable dialogue des peuples et des races, que peuvent entendre *des oreilles encombrées d'angoisse et un cœur tari de ses émotions* ? En ce sens, George indique bien l'enjeu de la liberté humaine qui sous-tend le mouvement abolitionniste : « Nous ne détenons pas vos lois ; nous n'occupons pas votre pays; nous nous tenons ici, libres, sous le ciel de Dieu, comme vous ; et, au nom du Dieu tout puissant qui nous a créés tous, nous combattrons pour notre liberté, jusqu'à notre mort[72]. »

IV- Matière et enjeux socio-politiques d'une exégèse critique du vécu historique nègre

À travers ses éléments constitutifs, toute production artistique manifeste en même temps un objet de communication et le prétexte à l'exposé de réalités sociales, politiques ou /et économiques. En ce sens, il est l'occasion de rendre compte de ses implications en tant que vérité d'une époque, catalyseur des idées d'une période historique donnée. Du point de vue structuraliste, interprétation et analyse descriptive de l'œuvre sont articulées comme des processus de communication. C'est pourquoi Umberto Eco considère l'œuvre comme un *système de signes*. D'après Umberto Eco, la dialectique impliquée dans l'analyse de son contenu consiste à considérer *l'œuvre comme fait esthétique et la société comme contexte explication*[73].

---

[72] Hariett Beecher Stowe, *Uncle's Tom Cabin*, p. 123.

[73] Umberto Eco, « Rhétorique et idéologie dans "Les Mystères de Paris" d'Eugène Sue », in *Sociologie de la création littéraire*, Revue internationale des sciences sociales, Paris, UNESCO, 1968, p. 591.

Nous y fondant, nous formulons l'hypothèse que toute l'écriture de soi nègre produite durant et après l'esclavage n'était pas toujours le fait d'un sujet historique rationnel de part en part et qui se mettait en scène par la seule force de son jugement et de son imagination fertile. Certaines « slave narratives » étaient produites à partir de la communion entre des lèvres foncées et des mains colorées, brunes ou blanches. Bien plus, l'esclavage est dépeint par des génies littéraires occidentaux de cette époque qui en dénonçaient le caractère réactionnaire, inhumain et cynique. Cet argument peut être illustré avec bonheur par la lecture des pages célèbres de Montesquieu, de Voltaire[74] ou de Flaubert. Ces auteurs français, dans leurs textes, ont traduit de manière poignante ce que nous désignons par humain-limite. La critique du *vécu* nègre qui y est développée donne l'ampleur des enjeux sociaux et politiques impliqués dans les luttes abolitionnistes et

[74] Se rapporter à ce texte de Montesquieu : « Le sucre serait trop cher, si l'on ne faisait travailler la plante qui le produit par des esclaves. Ceux dont il s'agit sont noirs depuis les pieds jusqu'à la tête; et ils ont le nez si écrasé qu'il est presque impossible de les plaindre. On ne peut se mettre dans l'esprit que Dieu, qui est un être très sage, ait mis une âme, surtout une âme bonne, dans un corps tout noir. [...] On peut juger de la couleur de la peau par celle des cheveux, qui, chez les Égyptiens, les meilleurs philosophes du monde, étaient d'une si grande conséquence, qu'ils faisaient mourir tous les hommes roux qui leur tombaient entre les mains. » (Montesquieu [1748], *De l'esprit des lois*, Livre XV « De l'esclavage des nègres », Chap. II) ; et Voltaire : « En approchant de la ville, ils rencontrèrent un nègre étendu par terre, n'ayant plus que la moitié de son habit, c'est-à-dire d'un caleçon de toile bleue ; il manquait à ce pauvre homme la jambe gauche et la main droite. [...] Oui, monsieur, dit le nègre, c'est l'usage. On nous donne un caleçon de toile pour tout vêtement deux fois l'année. Quand nous travaillons aux sucreries, et que la meule nous attrape le doigt, on nous coupe la main ; quand nous voulons nous enfuir, on nous coupe la jambe : je me suis trouvé dans les deux cas. C'est à ce prix que vous mangez du sucre en Europe. » (Voltaire, *Candide ou l'optimisme*, Chapitres premier et dix-neuvième, version numérique : http://www.ebooksgratuits.com/blackmask/voltaire_candide.pdf.

contre la discrimination raciale. Il a fallu convaincre les suprémacistes blancs de l'identité humaine générique des nègres, parfois en vain. Lisons *Quidquid volueris* de Gustave Flaubert et *The New Negro* d'Alan Locke qui l'ont illustré avec force.

Djalioh ou l'oubli de soi : l'esthétisation de l'humain-limite

L'écriture de Flaubert, le contemporain outre-Atlantique de William W. Brown, consiste en une esthétique de la mémoire historique, une critique de la tentation de l'oubli de soi. Pour le percevoir adéquatement, il faut se rapporter à un écrit de jeunesse : *Quidquid volueris*. Ce texte date de septembre-octobre 1837. Flaubert a seize ans. Il est sous-titré *Études psychologiques*. Une lecture entre les lignes de ce texte permet de conclure à une critique magistrale du système de l'esclave dans les Amériques. C'est la peinture de l'imaginaire d'un primate singulier, fruit du viol orchestré d'une Négresse par un orang-outang, au Brésil, pari et défi « scientifique » relevé par le citoyen français Paul, qui lui a pourtant valu la Croix d'honneur. D'où notre intérêt pour Djalioh, la première et l'une des plus décisives figures de l'idiot, chez Flaubert.

Djalioh, *métis de singe et d'homme*, est emmené en France et élevé par Paul et Adèle, son épouse. Là, il finit par assassiner Adèle et l'enfant du couple. Le parricide imaginaire de Gustave se dévoile dans son matricide littéraire : ne pouvant rien initier contre le cours anachronique de l'Histoire, le jeune prodige de la littérature française se contente d'imaginer l'impossible parricide à travers l'obsession du goût d'un innocent meurtrier, sa progéniture romanesque, Djalioh ! Gustave se délecte de ses délices imaginaires, dans l'intimité : pour exister, Djalioh supprime le fils naturel de Paul et étrangle sa belle-mère au milieu des roses. Il annihile de fait tout effort qui l'empêcherait de persévérer dans son être, autrement dit, il s'assure que la mémoire de ses créateurs disparaisse à jamais. Djalioh, descendant d'esclaves, fils de singe, se joue à la perfection son vécu. Son drame est en même temps son unique atout : l'impersonnalité, c'est son affaire ; il en joui. La vie parisienne, symbole de l'existence du Maître, est plus que jamais l'accommodement déraisonnable qui cimente son éternité décrétée ; son cœur retrouve enfin son âme ! L'Idiot goûte ainsi, pour l'unique fois et par effraction, le parfum délicat des mots majestueux de la République : Liberté, Égalité et Fraternité. Puisqu'il ne pouvait réunir la force nécessaire pour articuler le mot vague, puissant et blanc qu'est l'Honneur, il ne laissera rien à son concepteur occidental, sinon le souvenir faux de l'honneur imaginaire des siens : Adèle se serait défendu contre le déshonneur que représente le toucher des mains d'un *animal inerte et sans intelligence*, Djalioh. Comme si en occultant le suicide délibéré du sous-homme, l'Histoire se remettait littéralement sur ses pieds…

La critique flaubertienne de la Mémoire dans Quidquid volueris

On sait le rapport que Blanchot établit entre l'œuvre d'art et l'histoire. Le lecteur nous pardonnera de citer un large extrait de *L'espace littéraire* :

> *La distance qui met l'œuvre hors de notre portée et hors des atteintes du temps – là où elle périt dans l'immobilité de la gloire – l'expose aussi à toutes les aventures du temps, la montrant sans cesse en quête d'une nouvelle forme, d'un autre achèvement, complaisante à toutes les métamorphoses qui, la rattachant à l'histoire, semblent faire de son propre éloignement la promesse d'un avenir illimité. Ainsi,*

ce qui se projetait dans l'intimité de l'œuvre, tombant hors d'elle pour la maintenir et la figer dans une immobilité monumentale, se projette, à la fin, au dehors et fait de la vie intime de l'œuvre de qui ne peut plus s'accomplir qu'en s'étalant dans le monde et en se remplissant de la vie du monde et de l'histoire[75].

Autrement dit, l'œuvre d'art est en même temps un dévoilement attractif-transgressif du monde et un processus de transformation-fondation de la culture. En ce sens, un chef-d'œuvre fournit toujours des indices précieux pour la traçabilité de nos lendemains embrumés. La ligne ténue ou la discontinuité entretenue qu'une œuvre de génie trace entre le trop plein de quotidien et la matière prégnante de l'impossible, à laquelle le public s'identifie. Une œuvre aboutie représente une esquisse préfiguratrice d'un *a-venir* maîtrisé de l'humanité. C'est dans cet esprit que Flaubert conçoit ses textes. À travers *Quidquid volueris*, un écrit fort déroutant, il établit remarquablement que le pouvoir de la science et de la technique garantit à certains individus, qui n'ont « pas d'âme ni de pitié dans le cœur », le droit de faire des paris criminels sur des vies humaines. Et, dans l'*oubli* de leur imagination pathologique, qu'ils dissimulent sous les apparats de l'humanitaire et de l'ouverture culturelle, ils s'étonnent de surcroît de la violence et des crimes qu'ils ont pourtant initiés avec succès. C'est pourquoi la vue du corps de Djalioh, le quasi Nègre de Flaubert, est un traumatisme qui fait réfléchir. Le spectateur sort de son univers douillet de vices et d'aveuglements divers pour scruter le revers de la médaille. Ce qui veut dire que cette « nature » épileptique de Flaubert traduit la structure épileptique même du cours de l'histoire humaine, avec ses injustices,

[75] Maurice Blanchot, *L'espace littéraire*, Paris, Gallimard, 1955, p. 273.

ses anachronismes, ses disparités, sa violence, la barbarie inouïe des crimes qui y sont perpétrés au nom de divers prétextes politiques, religieux, idéologiques, etc., c'est-à-dire, la plupart du temps, au nom de l'écume démoniaque qui dirige la vanité et le narcissisme humains. Les spectateurs qui assistent à ses accès quasi-épileptiques et les lecteurs qui, indignés, le nomment « Idiot » et l'indexent avec toute la hargne et la suffisance de leur « normalité », sont en réalité ses patients.

Gustave voit juste : *Que la vie de son fils soit son supplice et que l'ennui démesuré, que l'ennui colossal, gourmand et dévorant qui ronge l'enfant soit pour le père un remords qui lui aussi le fasse se repentir d'avoir vécu.* Ainsi Djalioh tiendra-t-il sa revanche, à son insu. Par le vacarme public et le sensationnel de son infanticide et de son matricide, il revendique, dans le silence et le sang, d'inhaler les miasmes cataleptiques de sa mère patrie, la France, et Paris principalement. Pour Djalioh, Paris c'est la vie tout court, c'est-à-dire la *nauséabonde infamie qu'il faut que le monstre humain vive de bout en bout.* Tel sera Fréderic : affectif dépendant, à moitié égaré dans la forêt de ses propres singeries et presque transparent à soi, il s'efforce d'ignorer la résistance du temps en instituant, dans son imaginaire, les permanences vides de ses errements sentimentaux, et surtout en exauçant le prurit des dévolutions insondables qui rythment ses émotions creuses et *âcres* et dont il n'est que la fade purgation.

On comprend donc que Flaubert aime à imiter un journaliste épileptique et que son père le lui interdise. On imagine le contenu de leurs empoignades éristiques : l'*homme sensé*, qui défend le système réactionnaire en vigueur, professe : l'Histoire humaine est le tribut du sacrifice de personnalités douées et respectées, dont l'office est de dire le vrai, c'est-à-dire, en fait, de justifier l'iniquité du système en vigueur ; l'autre prophétise : l'Histoire, c'est le processus ensorcellement-décoincement idéologique sans cesse recommencé portant sur des évidences qui tombent sous les sens, au profit des intérêts qui spolient le Vrai au nom du *droit* octroyé par la cravache et le glaive.

Esthétique philosophique de The New Negro : ou entre cynisme et espoir

C'est ce qu'avait théorisé en son temps Alan Locke. Pour lui, les *Negro spirituals* ont consisté en une refondation de la conscience historique nègre, une dynamique réflexive qui refait les cadres momifiés de la subjectivité et l'offre en don à l'altérité. Chanter son esprit revient plus précisément à exorciser sa conscience, à constituer un capital de déniaisement, d'auto-trahison, voire d'empathie, qui est une promesse crédible d'un avenir retravaillé selon des aspirations et un goût personnels. En tant qu'esclave ou descendant d'esclaves, l'Africain-Américain, l'Afro-Hispanique et l'Afro-Européen furent longtemps des objets du discours du sociologue, des philanthropes et des leaders noirs. Cette figure *controversée* de l'histoire, produit du sentimentalisme moraliste et de la *réaction* des anciens maîtres, est éculée. Car, considéré comme tel, le Nègre est dépossédé de son statut d'être humain capable d'exprimer des sentiments ; il cesse d'être un acteur historique engagé dans la défense de sa dignité et de ses intérêts. Or, pour interagir socialement, pour se comprendre, il faut qu'il développe une intelligence du processus historique et des mutations sociales qui ont structuré son vécu. Réorienter le regard, en ce sens, reviendrait à regarder la pénombre qui définit la frontière de notre vue.

La souffrance du Nègre esclave ou colonisé est sa lanterne ; c'est le motif qui détermine sa *praxis*. Ce qui est laid, dégoûtant ou répugnant est le ferment des choix esthétiques plus attestés, des sentiments les plus poignants ;

c'est, à cause du vertige et des insomnies qu'il cause, l'indicateur des limites extérieures du goût individuel et des préférences communautaires. La prise en charge critique du Mal (P. Sollers, G. Bataille) garantit d'appréhender plus adéquatement les normes exigibles dans une situation intenable, désespérée. Aussi la ségrégation s'est-elle progressivement estompée à cause de la dépréciation du culte de la différence et des privilèges, et du prestige revendiqué de l'absence de couleur chez les Blancs. Ceci fut rendu possible grâce à l'extériorisation par les Nègres aussi bien d'un capital de créativité artistique et scientifique hors-normes que d'un appétit du crime qui forçaient le dégoût et une *insupportabilité* qui imposaient de penser les conditions acceptables du vivre-ensemble (lire notamment *Un enfant du Pays* de Richard Wright).

Dans ces conditions, vivre c'est travailler à l'accomplissement de notre prophétie propre. Il faut par conséquent sortir des figures centenaires du Négro-Africain émotif par nature, héroïque par dépit, qui sont le fait de mythes, de légendes et de fictions historiques « consacrés » par une historiographie discriminante ; il faut plutôt densifier le caractère du Nègre qui est requis au terme d'un patient, laborieux et exaltant travail de la mémoire de l'esclavage et du colonialisme. Pour le dominé, il s'agit de s'inventer « d'une nouvelle fenêtre d'opportunités », suivant le mot de Locke. De cette posture, le Nègre cesse d'être une curiosité ou un problème social ; il devient un sujet historique qui peut, comme les autres, entreprendre la critique de son temps, dénoncer les inégalités, les discriminations ou la violence auxquelles font face toutes les couches sociales et toutes les races ; il peut également choisir de fructifier le capital de travail collectif d'édification d'un espace public de vie empreint d'ordre et de liberté, qui seuls permettent de contenir les assauts de la bêtise en chacun et garantissent un mieux-être éprouvé par tous.

Chapitre III
L'humanisme abstrait ou la dignité, l'imaginaire et la bêtise

Dans le chef-d'œuvre cinématographique « Le Bon, la Brute et le truand[76] », dont l'intrigue tourne autour de la recherche d'un magot, l'un des personnages principaux, Blondin, *Le Bon*, soutient : « le monde se divise en deux catégories : ceux qui ont un pistolet chargé et ceux qui creusent ». Le monde actuel suit ce manichéisme irréductible. Il est régi par une logique identique ; elle est infernale. Deux groupes d'acteurs y sont présents : ceux qui doivent fuir, se noyer et ceux qui, masques contre leur nez fin et leur bouche délicate, pêchent les corps, répertorient les nationalités de ces mammifères bizarroïdes et, parfois, expulsent les survivants en leur intimant l'ordre d'avoir honte d'eux-mêmes. En fait, quelle alternative leur est-elle offerte ? Ils doivent soit attendre le tribut de leurs larmes et de leur docilité, c'est-à-dire la pitié des Puissants, soit opter pour le cynisme. Or : « quand on met les gens dans une situation qui ne peut convenir qu'à la bête, il ne leur reste qu'à se révolter ou à succomber à la bestialité[77]. » D'où notre hypothèse fonctionnelle qui est énoncée comme suit : sans un mieux-être éprouvé au niveau individuel, la dignité n'est rien *en soi*, ou, du

---

[76] Clint Eastwood, *Le Bon, la Brute et le Truand* (1966), écrit par Luciano Vincenzoni, Sergio Leone.

[77] Friedrich Engels, *L'origine de la famille, de la propriété privée et de l'État, À propos des recherches de L.H. Morgan*, traduit de l'Allemand par les Éditions du Progrès, Moscou, 1976, p. 126.

moins, elle est l'insaisissable horizon qui disparaît en permanence sous la férule de droits de l'homme abstraits et d'un imaginaire aux œillères chauvines et mortifères.

L'histoire montre en effet que les politiques modernes usent – et s'usent – de deux armes privilégiées : la guerre militaire, économique, idéologique, et l'humanitaire, c'est-à-dire l'amour abstrait qui s'efforce concrètement de voiler les séparations que les conflits armés inscrivent dans le monde. Les développements de la pensée humaine moderne ont consisté en une prise de conscience progressive par rapport à cette situation anachronique : il fallait concevoir et théoriser les repères constitutifs de l'humain.

L'effort théorique des intellectuels, depuis au moins les *Lumières*, a consisté en la conception d'une référence éthique unique dont devraient s'inspirer tous les peuples dans le but de préserver le caractère unique de la vie humaine : c'est le concept de dignité. La dignité, est-ce le produit d'un savoir ou d'une croyance spécifique ? n'est-ce pas justement le seuil de rationalité et d'affectivité où nous accédons lorsque nous nous déterminons à défendre notre humanité et celle de tout autre qui se trouve aux prises avec les contempteurs du caractère sacré de la vie humaine ? n'implique-t-elle pas une réalité *autre* qui l'éclaire à rebours et dévoile ses véritables assisses, assignations et fonctions sociales et historiques ? La préoccupation générale qui sous-tend nos réflexions est la suivante : quels sont le statut et les fonctionnalités de l'humanisme abstrait et de l'indignité imaginaire qui en est la matrice ? Plus spécifiquement, quelle est la matière ou la réalité de la dignité pour ceux qui écument les marges du monde des puissants ?

I- Le concept de dignité et ses non-dits

Certains penseurs ont cru devoir rejeter, par principe, toute tentative de définition du concept de dignité humaine[78]. Ici elle est envisagée comme un mystère, l'insondable horizon à l'aune duquel est postulée la sacralité de la vie humaine. D'autres auteurs en ont relativisé la portée, prétextant que l'effectivité des droits de l'homme et le respect des libertés, en l'occurrence la liberté d'expression, rendaient caduque toute référence à ce concept[79]. Or, ainsi qu'Alain l'a fort bien établi : « Personne n'est digne du droit. C'est par là qu'il faut terminer toute discussion sur les droits. [...] On dit : "Peut-on laisser des armes à un fou ?" Et cela paraît assez raisonnable, de désarmer le fou. D'autres diront : "Devait-on donner la liberté aux nègres ? Comment en useront-ils ?[80]" La dignité est davantage qu'un simple instrument juridique ou disposition légale ou législative. Il faut par conséquent la fonder plus systématiquement du point de vue normatif.

---

[78] Chantal Delsol note : « La dignité ne peut être inaliénable que si elle est sans définition. Toute définition crée des conditions. Et nous ne voulons pas que la dignité soit conditionnelle ni conditionnée » (« La notion de dignité humaine en philosophie contemporaine », in *Institut des Libertés* : http://institutdeslibertes.org/la-notion-de-dignite-humaine-en-philosophie-contemporaine/).

[79] À la suite de Ruwen Ogien, Ziad Malas écrit : « Lorsqu'un individu peut exprimer et faire valoir ses droits, qu'il est donc en mesure d'exercer sa liberté, la notion de dignité devient superflue. » (Ziad Malas, « Que faire de la dignité », in *Philonomie : Sagesse, Fric et Pouvoir, les mots qui font rêver* : http://www.philonomie.com/que-faire-de-la-dignite/).

[80] Alain (Émile Chartier) [1952], « La doctrine : I - Doctrine politique. Propos 77 : Nul n'est digne du Droit », in *Éléments d'une doctrine radicale, 166 propos d'Alain écrits de 1906 à 1914 et de 1921 à 1924*, Paris, Librairie Gallimard, 1933, 4e édition, 315 pp. Collection "Les documents bleus", no 24, p. 168-169.

Hume enseigne qu'en traitant de l'homme, il faut sortir du manichéisme qui le représente tantôt comme un demi-dieu, tantôt comme un méprisable mammifère. Il prescrit d'encourager l'homme à cultiver la vertu, qui le distingue des animaux ordinaires[81]. Kant, quant à lui, s'est attaché à théoriser la dignité. Il sonde son contenu sémantique et sa pertinence philosophique en reformulant la difficulté en les termes suivants : l'homme a-t-il un prix ou une dignité ? Que vaut l'homme ? Kant écrit notamment : « Dans le règne des fins tout à un PRIX ou une DIGNITÉ. Ce qui a un prix peut être aussi bien remplacé par quelque chose d'autre, à titre d'*équivalent* ; au contraire, ce qui est supérieur à tout prix, ce qui par suite n'admet pas d'équivalent, c'est ce qui a une dignité. Ce qui rapporte aux inclinations et aux besoins généraux de l'homme, cela a un *prix marchand* ; ce qui, même sans supposer de besoin, correspond à un certain goût, c'est-à-dire à la satisfaction que nous procure un simple jeu sans but de nos facultés mentales, cela a un *prix de sentiment* ; mais ce qui constitue la condition, qui seule peut faire que quelque chose est une fin en soi, cela n'a pas seulement une valeur relative, c'est-à-dire un prix, mais une valeur intrinsèque, c'est-à-dire une *dignité*[82]. » Chez Kant la dignité est le critère éminent et exclusif de la valeur attachée à la personne humaine ; c'est le ressort de la vie individuelle, c'est l'horizon qui sous-tend l'histoire universelle, et tous les raisonnements et actions de l'homme devraient

---

[81] David HUME (1741), *« Essai sur la dignité ou la bassesse de la nature humaine »*, traduit de l'anglais par Philippe Folliot, à partir de "Of the dignity or meanness of the human nature", in *Essays, moral, political* (1 Volume), Edinburgh. A. Kincaid, 1741.

[82] Emmanuel Kant (1758), *Fondements de la métaphysique des mœurs*, Deuxième section : Passage de la philosophie morale populaire à la métaphysique des mœurs, traduit de l'Allemand en français par Victor Delbos (1862-1916) à partir de l'édition de 1792, édition numérique réalisée par Philippe Folliot, p. 45.

concourir à sa manifestation et à son approfondissement[83]. La dignité est donc aussi une affaire de notre cœur, *de la pureté et de la droiture de ses intentions*. Et d'après La Bruyère, elle est « ce que tant d'autres veulent avoir et ne se donnent pas, ce qu'on n'a point par l'étude et par l'affectation, par les mots graves ou sentencieux, ce qui est plus rare que la science, et peut-être que la probité, je veux dire de la dignité[84]. »

Mais si l'homme a une dignité, ainsi que le démontre Kant, il s'ensuit donc qu'il a un prix ; c'est d'ailleurs son prix qui détermine le respect dont cette dignité est assortie. C'est ce qui nous fonde à poser le problème suivant : la dignité du Nègre est-elle différente de celle du Blanc, du Jaune ou du Peau-rouge ? Lisons ces textes qui peuvent incliner à répondre par l'affirmative à cette interrogation. D'abord celui-ci, d'Harriett Beecher-Stowe, qui fait le portrait de l'Oncle Tom, l'esclave modeste, le plus soumis, le plus dévoué et le plus dévot qu'ait connu l'histoire américaine. Beecher-Stowe écrit : « Tous les traits de son visage, du plus pur type africain, exprimaient une gravité pleine de bon sens, unie à la tendresse et à la bonté. La dignité, le respect de soi-même se mêlaient, dans sa personne, à une simplicité humble et confiante[85]. » Ensuite ces mots de Jean Genet: « La Reine : Pas d'explications. Montrez à ces barbares que nous sommes grands par notre souci de la discipline, et aux Blancs qui

---

[83] La Déclaration de 1948 s'est inspirée de cette thèse fondamentale de la morale formelle d'Emmanuel Kant. Elle stipule, en son articler premier, que : « Tous les êtres humains naissent libres et égaux en dignité et en droits ».

[84] Jean de La Bruyère, « Discours prononcé dans l'Académie française », in *Les caractères*, Paris, Éditions Gallimard et Librairie Générale Française, 1963, p. 447.

[85] Harriett Beecher-Stowe, *La Case de l'Oncle Tom*, Adapté par Mme Henriette Rouillard, illustration de M. Lecoultre, Paris, Librairie Delagrave, 1947, p. 19.

nous regardent, que nous sommes dignes de leurs larmes[86]. » Enfin les deux textes suivant de Bernard Nanga et Mongo Beti : « Clotilde ne pleurait plus et semblait attendre le verdict de la Providence. Même dans le malheur, elle conservait toute sa dignité et leva sur Bilanga un regard résigné[87] » ; « Avant de pénétrer dans le bureau du commissaire, il revit une dernière fois l'image de sa mère, une pauvre chose, maigre, noire, misérable, dégoûtante, inhumaine et digne de pitié, qui gisait sur un lit de bambou[88]. » Ce sont des scènes paradigmatiques qui dévoilent le statut actuel du Nègre. Elles mettent en scène la matière creuse d'une dignité fugace, en perpétuel sursis, heurtée et sommée d'éclore ou, plus exactement, de se dissiper au-devant du sursaut hypothétique des sentiments de compassion des nantis.

Comment comprendre le paradoxe d'une dignité qui a besoin des larmes pour se régénérer ? Si l'on est moins enclin à la recherche de la vérité et prompt à recourir aux sophismes, on dirait que la dignité, en fait, est une affaire complexe. Car les bons raisonneurs aiment à dissimuler l'avantage qu'ils tirent d'une injustice par ce concept savant. Et généralement, lorsqu'on refuse de considérer dans toute sa lumière une réalité indiscrète qui nous accuse, on évoque la complexité. Précisément, il n'est pas besoin de discourir sans fin sur la dignité pour être bienfaisant. Très souvent les idées consacrées et les principes supérieurs ne sont les plus opérants lorsqu'il s'agit de disposer l'être humain à s'engager dans le chantier de la science et de la sagesse. Aussi nous suffira-t-il d'indiquer où l'exigence de dignité se manifeste le

---

[86] Jean Genet [1958], *Les Nègres. Clownerie*, Paris, Folio, Marc Barbezat-L'Arbalète, 1963, p. 114.

[87] Bernard Nanga, *Les chauves-souris*, Paris, Présence africaine, 1980, p. 230.

[88] Eza Boto, *Ville cruelle,* Paris, Présence africaine, 1954.

mieux, aussi bien au travers d'actions exemplaires que par le spectacle de la barbarie et de la bêtise, c'est-à-dire par l'absence qui la rend indispensable et urgente. Car épiloguer sur la dignité n'implique pas nécessairement qu'on soit capable d'amour. Or pour se préoccuper du sort d'autrui, ce qui est l'enjeu de la dignité, logiquement, il faudrait qu'on ait une idée précise de ce qui constitue l'humanité et la nature de sa valeur. Pour savoir ce qu'est la dignité, pour en mesurer la valeur, il faut être capable d'aimer ou, à défaut, d'éprouver de l'affection, de l'antipathie, voire de la haine. Or, que faire si l'on est contraint au dur labeur de la haine, « si l'amour nous est refusé[89] » ? Car, lorsque les aides et les dons abondent au nom de la générosité désintéressée et du respect de la dignité humaine, ceci à un rythme frénétique, presque infernal, les récipiendaires doivent relever le visage et regarder au loin, non pas pour supprimer les distances géographiques, mais pour lire à rebours les intentions de ceux qui s'apitoient sur leur sort. En ce sens, on parle de dignité aussi bien pour traduire la suffisance manifeste d'un sujet historique qui se considère supérieur de par son appartenance à la classe dominante, que pour marquer le complexe de fierté qu'entretiennent viscéralement, obstinément, les citoyens de la marge du monde devant les assauts de leur tragique destin. Dans ce dernier cas la dignité, c'est l'acquiescement discret et silencieux d'une indignité assignée dans les temps immémoriaux du racisme triomphant, que nous désignons par le concept d'humanisme abstrait.

Si entreprendre la généalogie critique du concept de dignité, au sens foucaldien du terme[90], est nécessaire, une

---

[89] Jean Genet [1958], *Op. cit.*, p. 47.

[90] Chez Foucault, faire l'archéologie revient à reconstituer l'histoire d'une réalité donnée, au-delà du cadre formel des connaissances établies en quoi consiste le savoir positif en la matière. Autrement dit, il s'agit de scruter le

telle entreprise n'est pas suffisante pour dévoiler tous les enjeux qui en sous-tendent la formulation juridique à travers la *Déclaration des droits de l'homme.* Il faudrait en sus tirer avantage des conclusions auxquelles une telle reconstitution conduirait, en l'occurrence l'humanisme abstrait qui est le revers de cette médaille de l'humanité accomplie.

II- La dignité dans l'histoire

L'avènement de la dignité

Deux dates pourraient être portées sur l'acte de naissance de la dignité, à savoir 1848 et 1948. Les années 1848 et 1948 sont toutes deux porteuses, à des degrés divers, des fondations de l'humanisme abstrait ; toutes deux nourrissent abstraitement l'illusion d'une fraternité universelle et d'un ordre historique immuable. En 1848, c'est le « printemps des peuples » en Europe. À travers le continent, les citoyens européens entreprennent plusieurs insurrections plus ou moins coordonnées. Outre le fait de se libérer du joug de leurs monarques respectifs, les Européens s'émancipent des chaînes de leur assujettissement *fraternel.* C'est ainsi, par exemple, que les Allemands et les Italiens accèdent à l'indépendance au terme de luttes sanglantes contre les Autrichiens. En France plus spécifiquement, le roi Louis-Philippe est contraint d'abdiquer après une révolte populaire réprimée dans le sang. La seconde République est proclamée et le gouvernement adopte de nouveau le drapeau tricolore qui avait été abandonné depuis la Restauration. Plusieurs réformes institutionnelles sont aussi entreprises,

---

sens intime, inavouable, des idées et des pratiques qui l'ont perpétuée, ou encore les marges de sa « scientificité », pour en dévoiler les éventuelles – voire inévitables – piétinements, duplications et inepties qui, en dernier ressort, en déterminent le statut et la validité ultimes.

notamment, l'établissement du suffrage universel, qui exclut cependant les femmes ; le droit au travail et les ateliers nationaux pour la promotion de l'emploi ; l'abolition de la peine de mort pour délit de presse ; la liberté totale de presse ; la fin de l'esclavage dans les colonies est acquise, etc. Tout se passe comme si la Seconde République entreprenait de se défaire de la « mentalité primitive » issue de l'Ancien Régime, à savoir, la monarchie de droit divin de 1815, dont les souverains Louis XVIII et Charles X incarnaient l'inertie.

Contrairement à l'immobilisme qui avait marqué le règne de ces derniers, la Seconde République qu'avait préparée le règne de Louis-Philippe initie les citoyens français à de grands changements socio-politiques, économiques, intellectuels, artistiques et industriels, avec des conséquences positives et négatives tout à la fois. D'un côté, deux classes sociales ont fait leur apparition : la classe ouvrière, prolétarienne, et la classe bourgeoise, capitaliste ; de l'autre, un renouveau est plus que perceptible dans les arts, avec notamment la révolution du théâtre et du romantisme qu'entreprend Victor Hugo dès 1830. Les génies de l'époque, Balzac, Stendhal, Lamartine, en littérature, Delacroix et Géricault, en peinture, ou Berlioz, en musique, s'y identifient. Dans le même temps, des théories raciales inspirées du positivisme et de l'évolutionnisme darwinien ont pignon sur rue. Nous pouvons citer, entre autres : *Essai sur l'inégalité des races humaines* (1853), du diplomate Arthur Gobineau et *Les lois psychologiques de l'évolution des peuples* (1894), du médecin-naturaliste Gustave Le Bon.

L'idéologie que véhiculait ces deux ouvrages représentait en réalité une contre-révolution, dans la mesure où les idéaux de la révolution de 1848 étaient mobilisés en vue d'une fraternité européenne universalisable. Au départ, les Européens, soutenus par la bourgeoisie, se reconnaissaient tous dans le rejet de la noblesse et des monarchies de droit divin et aspiraient également aux libertés civiles. Mais lorsqu'il s'est agi de contester l'ordre libéral bourgeois naissant, avec ses conséquences, à savoir, l'exploitation et l'appauvrissement révoltants des travailleurs, aucune volonté européenne supraétatique ne s'est fait jour parmi les diverses classes prolétariennes et les artisans. C'est à cette occasion d'ailleurs que Karl Marx et Friedrich Engels publient, à Londres, en 1848, le *Manifeste du parti communiste*. Ainsi, malgré son apparente fécondité rhétorique pour fédérer les intérêts égoïstes des différents peuples en Europe – l'analogie avec le « printemps » –, la révolution de 1848 n'a pas réalisé l'unité européenne qu'escomptaient les citoyens d'Europe. Mieux, comme un spasme de parturition, elle aura en réalité contribué à l'enracinement d'un ordre bourgeois impérialiste et colonisateur, usant sans retenu du cynisme, du manichéisme et de la cruauté. En effet, elle entreprit, à l'intérieur des frontières européennes, d'abrutir la classe prolétarienne en la nourrissant d'illusions et des bénéfices tirés de la vente du produit de leur labeur ; et, à l'étranger, de conquérir militairement des colonies et de massacrer les indigènes sous le noble prétexte de répandre la « civilisation » parmi les races humaines inférieures. Surtout, la réappropriation occidentale de l'Évangile chrétien – le bourreau *se fait chair* de sa victime ; en devenant chrétien, il goûte ainsi, magiquement, les flagellations, les mortifications, la torture, voire la mort de celle-ci – avait non seulement contribué à édulcorer durablement les velléités de révolte des citoyens européens, mais aussi à justifier les pillages et les crimes coloniaux comme des conditions nécessaires pour libérer les indigènes de la barbarie et de la primitivité.

En un sens, ces mutations politico-idéologiques sont autant de prémisses de la systématisation biopolitique qui a marqué les 19e et 20e siècles. En fait, l'enjeu était de contrôler l'évolution des espèces vivantes, en éliminant ou en dominant celles que le *nouvel ordre* impérialiste bourgeois jugeait inférieures et corvéables. Ce n'est pas un hasard si, à l'initiative d'Otto von Bismarck, le Congrès de Berlin a lieu du 15 novembre1884 au 26 février 1885. Y prennent part l'Allemagne, l'Autriche-Hongrie, la Belgique, le Danemark, l'Espagne, la France, le Royaume-Uni, l'Italie, les Pays-Bas, le Portugal, la Russie, la Suède-Norvège, la Turquie (alors Empire ottoman) et les États-Unis. Le but de cette rencontre internationale était d'assurer le succès des conquêtes coloniales en évitant les conflits armés entre les puissances occidentales. En réalité, les Occidentaux s'entendaient pour établir des principes juridiques qui leur accorderaient la légitimité de faire la guerre aux *indigènes* tout en garantissant la sécurité et la paix des « Civilisés ». Les différentes puissances devaient respecter des règles précises susceptibles en même temps de détourner leur animosité réciproque et de leur permettre de la transférer dans le troupeau des colonisés. Avec le Congrès de Berlin, la notion de « sphère d'influence » prenait corps. Désormais, chacune des grandes puissances industrialisées se réservait le « droit » d'intervenir militairement pour exploiter et d'accaparer les richesses et la main d'œuvre des territoires outre-Atlantique.

Malgré l'activisme politique qui en a marqué le cours, tous les principes de fraternité et de philanthropie universaliste de la révolution de 1848 demeuraient au niveau des principes formels. Les revendications identitaires et la recherche individuelle du bien-être, tant au niveau de la sécurité salariale qu'à celui de la promotion sociale, prenaient radicalement le dessus sur l'internationalisation effective des aspirations de tous au niveau continental, ainsi que sur la possibilité de construire une véritable fraternité qui se serait traduite matériellement par l'édification d'un seul État, l'Europe unie. L'année 1848 voit plutôt prospérer l'*humanitarisme* ; c'est l'obstruction de toute possibilité d'une révolution véritable au profit de la culture de l'instinct individuel de préservation et du conservatisme politique. Il en a résulté que les réformateurs circonscrivaient la totalité du réel dans l'abstrait, comme une continuelle et disparate actualisation de la vie qui ne nécessitait point une intervention humaine qui eût été fort dommageable. Ces contradictions et ces incongruités forment une idéologie quasi cohérente que Sartre désigne par « racisme de l'humanité[91] ».

En ce qui concerne 1948, nous retiendrons principalement la *Déclaration universelle des droits de l'homme.* En effet les Alliés, qui avaient gagné la guerre contre Hitler, choisirent de se doter d'un nouveau matériau juridique qui, officiellement, protégerait les libertés individuelles et garantirait le bien-être et la justice de tous : c'est la *Déclaration universelle des droits de l'homme* qui est proclamée en 1948 et qui énoncent la dignité de l'être humain et le caractère sacré de la liberté et de la vie humaine.

Ces principes fondamentaux qui devaient régir les relations interraciales et interétatiques au lendemain de la Deuxième Guerre mondiale. Pourtant, quoique les concepteurs des droits de l'homme fussent manifestement motivés par une admirable volonté de conjurer le *Mal*, c'est-à-dire de guérir les citoyens des traumatismes hérités de l'hitlérisme, leur entreprise prit très vite la forme d'un paravent idéologique pour légitimer des entreprises stratégiques et géopolitiques des Grandes Puissances.

---

[91]Jean-Paul Sartre, *Carnets de la drôle de guerre,* Paris, Gallimard, 1983, p. 41.

Celles-ci justifièrent de nombreux crimes et génocides qu'elles perpétraient sous le prétexte de défendre les libertés citoyennes et de promouvoir les droits de l'homme. C'est ainsi que, tout au long des années cinquante et jusqu'à présent, quoique soit publiquement reconnu que tous les hommes sont égaux en droit, c'est-à-dire que victimes et bourreaux s'équivalent, comme d'ailleurs les oppresseurs et les opprimés, et pareillement colons et colonisés, la torture, les exécutions extrajudiciaires et l'exploitation cynique des populations de la périphérie du monde industrialisé ne connaissent pas de répit.

Le concept de dignité et nous

La *Déclaration universelle des droits de l'homme* ne s'appliquait pleinement qu'en Occident et où quelque Européen aura dit : « Ceci est mon territoire », ou encore : « ceux-ci font désormais partie des nôtres ». Voici une illustration saisissante des non-dits de cet humanisme abstrait : « Au début de 1958, Lienou Kamsu André, upéciste de la première heure fut arrêté à Bayangam avec d'autres nationalistes. Transférés à Bafoussam, ils furent copieusement torturés et « condamnés » à être précipités dans les chutes de la Mifi comme tant d'autres « maquisards » avant eux. Lorsque le jour J arrive, Lienou K. dit fièrement à ses compagnons de fortune : "Lienou Kamsu ne peut pas mourir seul, c'est impossible". À l'appel de son nom, il avança courageusement et subitement s'agrippa à l'officier supérieur français qui commandait les troupes et l'entraîna dans les profondeurs abyssales de la Mifi. Ce fut la débandade générale[92]. »

Ce récit est un épisode de la guerre de décolonisation entre les nationalistes camerounais et les militaires

---

[92]Jean-Philippe Guiffo, *Mgr Albert Ndongmo, Prophète et martyr*, Yaoundé, L'Essoah, 2008, note p.19.

français au Cameroun. L'initiative de Lienou Kamsu traduit l'ultime manifestation d'une liberté compromise : elle actualise l'espoir à rebours, la dénonciation la plus évidente des principes abstraits de la *Déclaration universelle des droits de l'homme*. Ainsi, malgré les bonnes intentions contenues dans la *Déclaration*, le comble de l'abstraction, de la mystification des masses et des contradictions du système mondial de domination et d'exploitation, se produit dès 1948 : on reconnaît abstraitement à tous les peuples des droits. Dès lors, même si un individu se retrouve dans la dépendance, si un pays se retrouve « sous tutelle » d'un pays tiers, c'est-à-dire « soumis à une limitation quelconque de souveraineté », il ne manque pas néanmoins d'être libre, en principe. Autrement dit, comme dans la catéchèse chrétienne, même si vous êtes pauvres, esclaves ou exploités, vous êtes encore des enfants de Dieu : ayez la foi, le Seigneur « Blanc », bon et miséricordieux, pourvoira un jour à vos besoins. Il garantit en tout temps à votre salut.

Les événements qui ont ponctué l'histoire au cours de cette période ont imposé l'*humanisme abstrait* dans les pratiques sociales et politiques et constituent, depuis lors, la trame du vécu de l'homme moderne, dont la matrice est le droit d'asile humanitaire. L'avènement du droit d'asile humanitaire, compris comme un processus de « légalisation » de la pitié envers l'étranger, permet en effet de comprendre les ressorts des politiques de l'amour qui accompagne la rhétorique de la dignité humaine et des droits de l'homme.

III- Les fondamentaux de l'humanisme abstrait

Les nouvelles tendances de l'idéologie humanitaire conduisent non seulement à une mystification soutenue des peuples, mais aussi à d'irréductibles contradictions entre le droit et la force, qui sont à l'origine de nombreux conflits armés. Or, quelle valeur peut-on reconnaître à une « légitimité » sous-tendue par la mystification des citoyens ? Que vaut/peut la démocratie lorsqu'elle n'a plus pour enjeu la sauvegarde des libertés individuelles et de la souveraineté des États mais la sauvegarde d'un ordre du monde anachronique et sanguinaire ? De toute évidence, l'idéologie actuelle de l'amour universel est, en réalité, la parure la plus manifeste du cynisme, de la haine et de la raison du plus fort. C'est pourquoi nous devons aller plus avant, en interrogeant les ressorts idéologiques, les implications politiques ainsi que la portée anthropologique des mutations politiques dont la Seconde Guerre mondiale est assortie. Il est remarquable, par exemple, que le mot « black » soit devenu péjoratif et que celui de « Nègre » soit progressivement retirée de la circulation langagière, en Amérique du Nord notamment, au profit de la notion plus *politiquement correcte* de « racialized people ». Nous devons nous enquérir de cette dépigmentation rhétorique, parce qu'elle constitue la majorité des peuples de la terre en autant de sujets formels de l'omnipotente commisération des agents humanitaires et de leurs sponsors.

Le concept d'humanisme abstrait et son corollaire, l'indignité imaginaire

Car, l'humanisme abstrait, c'est d'abord cela : une indignation labiale contre les inégalités socio-politiques, économiques et culturelles. Il consiste plus généralement à conjurer tout regain du sentiment du vrai, du beau ou de l'utile en l'assujettissant à la rhétorique d'une justice internationale et d'une paix mondiale imaginaires. Il en résulte non seulement une vanité non nécessairement assumée de la part des nantis, mais aussi une componction miséricordieuse des « pauvres ». Quels sont la dynamique et les enjeux de cette pernicieuse rhétorique de l'amour –

qui, en réalité, est une délicate anthropophagie de l'homme moderne ?

Implicitement, la notion d'humanisme abstrait suppose une lecture et une historiographie critiques du monde social et politique post-Seconde Guerre mondiale, ainsi que la réfutation du système néocolonial actuel, de ses mystifications et de ses dérives. Tout part de l'humanisme bourgeois et de l'idéologie humanitaire qui lui est constitutive. Il est, ainsi que nous l'avons établi plus haut, la manifestation la plus accomplie de la *mauvaise foi* : nous donnons gracieusement non seulement pour nous laver de toute responsabilité dans les malheurs que nous orchestrons en sous-main, mais aussi pour contraindre les victimes à nous être redevables moralement et financièrement. En d'autres termes, nous rentabilisons notre cynisme. Car, depuis Hitler, l'homme n'a jamais autant excellé dans l'art de tricher avec soi. Aussi la notion d'humanisme abstrait traduit-elle, d'une part, les grandes mutations idéologiques qui ont suivi la Deuxième Guerre mondiale et dont les conséquences sont, entre autres, l'assujettissement des droits humains aux capacités militaires, économiques et industrielles des peuples, ou encore, la vulgate de la paix ; d'autre part, elle rend plus généralement compte de toutes les initiatives politiques qui, quoique se basant sur la rhétorique de la justice, de l'entraide et de l'amour, travaillent néanmoins, manifestement ou à l'insu des acteurs qui l'initient, à inscrire de fait un manichéisme irréductible dans le cours de l'Histoire entre les Donateurs et les Assistés.

Dans le premier cas, nous identifierons aisément les contradictions de l'ordre mondial, notamment la propension des États développés à se substituer au système des Nations-Unies – institution planétaire mais dont le principe juridique actuel de droit du véto contredit les prétentions démocratiques – et, dans le second cas, nous évoquerons les deux grandes dispositions juridico-idéologiques que sont le droit d'ingérence humanitaire et le droit d'asile politique. À partir de là, la notion d'humanisme abstrait prend tout son sens sous notre plume : elle se rapporte aux conséquences des rapports interculturels historiques viciés entre les Occidentaux et les autres mammifères de leur espèce. Par humanisme abstrait, nous entendons le fait pour un homme ou un État de travailler à débusquer la *bêtise* en l'autre et de se contenter, presque à la folie, de l'exclusivité de son humanité ou de sa légitimité décrétée pour mystifier les autres acteurs, en les asservissant par la menace du recours – ou le recours effectif – à la force, en les aliénant par l'abondance et la « grandeur » de ses larmes, et, dans chaque cas, en aveuglant leur intelligence du cours de l'histoire par la rhétorique des droits de l'homme[93]. Ceci représente proprement la bêtise institutionnalisée.

On sait que la bêtise consiste à se soustraire aux conditionnements, aux normes, et à opter pour la non-existence (ou l'inessentiel constitutive de l'animalité pure), tout en s'abstenant d'assumer les risques qui s'y

[93] À notre humble avis, il faut enrichir la notion de *droits de l'homme* de la capacité de chacun à promouvoir ses aspirations personnelles, suivant les contraintes de sa vie quotidienne. Autrement dit, pour avoir le droit de parler des droits de l'homme, il faut les arracher à la sphère abstraite des principes où la rhétorique néo-colonialiste et impérialiste les consigne en permanence pour les besoins de la mystification des masses ; il faut, surtout, les manifester dans la concrétude matinale et nocturne que manifeste le quotidien infernal des sous-hommes, lorsque les autorités carcérales de notre monde de domination et d'exploitation les maintiennent enfermé entre les murs *blancs* du dénuement, dans le *noir* total. Dans le cas contraire, même le dictateur le plus abject aurait le « droit » d'y recourir aussi, par pure commodité, pour en relativiser la portée par rapport aux nécessités révolutionnaires de lutte contre les injustices, les inégalités et les impérialismes, et pour justifier sa barbarie. Ce qui prouve assez que le droit ne se dit pas ; il se manifeste et se vit au quotidien, protégé par un arsenal juridique et militaire dissuasif.

rapportent. « La bêtise se contemple : on y plonge le regard, on se laisse fasciner, elle vous porte avec douceur, on la mime en s'y abandonnant ; sur sa fluidité sans forme, on prend appui ; on guette le premier soubresaut de l'imperceptible différence, et le regard vide, on épie, sans fièvre, le retour de la lueur. À l'erreur, on dit non, et on rature ; on dit oui à la bêtise, on la voit, on la répète et, doucement, on appelle la totale immersion[94] ». En ce sens la bêtise survient sinon comme un déclic, du moins comme le stimulant extrême du vrai ; elle définit, à l'envers et à revers, les conditions expresses du bien à travers la confusion (le refus de distinguer) entre le réel et l'imaginaire, la trame historique et la fantasmagorie ou l'ordre existentiel et les impondérables de la prévision.

L'humanisme abstrait conçu comme idéologie humanitaire, c'est d'une part, l'illusion de la bonté humaine désintéressée et, d'autre part, le fait de croire à la perversité radicale de l'espèce humaine. Dans cette dimension prévaut la croyance inavouée qu'on ne peut s'en défaire que par le truchement de la grâce élective du Tout-puissant ou son représentant, à savoir l'humanitaire ou l'homme de Dieu. D'où la profusion des sectes et autres mouvements évangéliques qui pullulent dans nos cités. Nous identifions deux versants de cet humanisme abstrait : l'individualisme et le naturalisme. Dans le premier cas, l'être humain apparaît comme le mammifère qui promeut les besoins de sa carapace corporelle : chacun de ses actes participe de sa tension naturelle vers lui-même ; et, dans le second cas, il s'engage à travailler quotidiennement à faire fructifier en lui la provision de vilenie et de stupre qui le constitue originellement. Cette auto-déshumanisation des êtres humains a pour

---

[94] Michel Foucault, « », in *Dits et écrits Volume II : 1976-1988*, Daniel Defert, François Ewald et Jacques Lagrange (éds.), Paris, Gallimard, « Quarto », 2001, p. 961.

conséquence qu'ils ignorent leur liberté originelle, c'est-à-dire leur capacité à se déterminer une marge de manœuvre, au-delà des déterminations psychosomatiques, économiques et sociales.

Aussi estimons-nous que pour comprendre l'ampleur des défis auxquels est rattachée la problématique du respect de la dignité humaine dans notre temps et, par conséquent, pour déterminer la tâche critique qui nous incombe aujourd'hui, nous devons interroger de manière radicale les occasions et les conditions actuelles du vivre et du mourir[95]. Et le recours au concept dérivé d'indignité imaginaire y conduit adéquatement.

L'indignité imaginaire, c'est la qualification de l'humanité propre de l'indigent et du sous-homme en général, c'est-à-dire la négation du principe de dignité sous le voile de l'apitoiement. C'est la substance d'une exclusivité anthropologique décrétée, l'ordre constitutif du *dire* et du *faire* des puissants soucieux de préserver leur « droit » et leur plaisir exclusifs à aider ; ce n'est pas uniquement une vague référence à une citoyenneté générique, les pauvres en l'occurrence, c'est surtout une présence discursive codifiée, un dispositif structurel actionné en permanence par les pouvoirs dominants pour des besoins idéologiques et économiques amoraux. L'indignité imaginaire c'est, en somme, le visage miné de la dignité ; c'est à l'aune de ses contenus et de ses

---

[95] « Jamais les guerres n'ont été plus sanglantes pourtant que depuis le XIXe siècle et, même toutes proportions gardées, jamais les régimes n'avaient jusque-là pratiqué sur leurs propres populations de pareils holocaustes. Mais ce formidable pouvoir de mort – et c'est peut-être ce qui lui donne une part de sa force et du cynisme avec lequel il a repoussé si loin ses propres limites – se donne maintenant comme le complémentaire d'un pouvoir qui s'exerce positivement sur la vie, qui entreprend de la gérer, […]. Les massacres sont devenus vitaux » (Michel Foucault, *Histoire de la sexualité I* : *La volonté de savoir*, Paris, Gallimard, 1976, p. 179-180).

conséquences que l'on peut définir des critères d'évaluation des ressorts réels de la dignité et la portée sociale et politique des usages qu'on en fait. La question dès lors est de savoir en quoi précisément le concept d'indignité imaginaire permet un éclairage conséquent de la problématique de la dignité. Nous y répondrons à partir d'une triple perspective : d'abord, nous tâchons d'expliciter le concept de dignité appréhendé sous un double angle, à savoir, l'exégèse juridique en référence aux Déclarations des droits de l'homme et la dimension philosophique et morale développée à travers les différentes formulations de l'humanisme hérité de la pensée chrétienne ; ensuite nous montrerons, au moyen d'une esthétique littéraire portant sur les figures de l'indignité représentées dans des chefs-d'œuvre des 19e et 20e siècles, en quoi la dignité conçue comme valeur se disqualifie lorsqu'elle se mue en un épouvantail du théâtre de la pitié ; enfin, un retour critique sur les idéologies et les politiques de notre temps permettra de proposer des repères susceptibles de nous soustraire à l'humanisme abstrait dont est porteuse l'indignité imaginaire.

Le droit d'asile politique : un abattoir des libertés ?

Depuis l'esclavage, il y a un double jeu de la cordialité et du cynisme dans les relations internationales, notamment dans les rapports Nord-Sud. On reconnaît une humanité formelle aux individus originaires de la périphérie du monde industrialisé, lorsqu'ils s'établissent en Occident, alors qu'ils peuvent inspirer un sincère dégoût s'ils vivent dans leurs pays, avec tout ce que cela implique comme exploitation, travaux forcés, tortures, *senteurs d'oignon*, exécutions sommaires et génocides. En Europe et en Amérique principalement, les racistes s'en accommodent contre leur gré. Ils s'emmurent confortablement dans la haine. Et le système d'immigration actuel dans leurs pays respectifs ne les aide pas outre mesure à se libérer de leurs mortifications quotidiennes. Car la logique néocolonialiste qui justifie de brimer des peuples, de piller et de massacrer au nom de la promotion de la justice internationale à l'échelle de la planète intervient aussi, avec davantage de subtilité cependant, dans la mystification des sous-hommes de la périphérie du monde industrialisé, lorsqu'il est question de l'attribution discrétionnaire du droit d'asile politique.

On sait la figure de l'indignité et ses mues depuis l'époque médiévale jusqu'à la période contemporaine : la brute, l'infidèle, l'idiot, le fou, le Juif, le colonisé l'homosexuel, et le réfugié. Arrêtons-nous sur la dernière mue : le réfugié. La critique de l'humanisme abstrait contemporain permet de sonder avec beaucoup de rigueur la dynamique qui préside au système d'immigration, à savoir les objectifs avoués qu'il poursuit, les pratiques qu'il mobilise, ainsi que l'impensé qui en est le fondement. Car plusieurs non-dits modulent l'attribution du droit d'asile politique. Une *psychanalyse existentielle* du demandeur d'asile et du juge d'immigration préciserait mieux notre pensée. En effet, il faut aller voir de plus près dans les abattoirs des libertés, le tribunal de l'immigration. Ce faisant, rappelons-nous le mot de Guillaume Apollinaire dans son poème intitulé « Zone » :

> *Tu regardes les yeux pleins de larmes de ces pauvres émigrants*
> *Ils croient en Dieu ils prient les femmes allaitent des enfants*
> *Ils emplissent de leur odeur le hall de la gare Saint-Lazare*
> *Ils ont foi dans leur étoile comme les rois-mages […]*
> *Une famille transporte un édredon rouge comme vous transportez votre cœur*
>
> *Cet édredon et nos rêves sont irréels*[96].

---

[96] Guillaume Apollinaire [1913], *Alcools*, Yaoundé, Masseu, 2010, p. 9.

La négation de l'altérité

En se rendant à *son* audience, l'agent d'immigration ne s'attend pas à rencontrer un héros, encore moins un homme lucide, surtout pas un être « normal ». Au contraire, le demandeur d'asile doit présenter l'image d'un traumatisé, c'est-à-dire, dans son cas, démontrer non seulement qu'il se trouve au bord de l'abîme, mais aussi qu'il n'attend qu'un *seul mot* du juge d'immigration pour être *sauvé*. En un mot donc, il doit « ramper ». Le demandeur le sait et le juge sait qu'il le sait puisque l'avocat l'y prépare durablement. Comme une brebis et sous la conduite de son avocat et son berger, le demandeur, se faisant *mendiant volontaire*, doit docilement préparer son *histoire*. Celle-ci doit avoir quatre caractéristiques principales : elle doit être théâtrale, tragique, pathétique et logique.

La théâtralité d'abord : son habillement, son look, son attitude, la tonalité de sa voix, tout doit concourir à impressionner l'assistance et à convaincre ses membres de la précarité de sa situation juridique, qu'elle soit supposée ou réelle. Le juge va d'abord rechercher de la candeur, de la douceur, de la sincérité, de la bonté, de la disponibilité, de la soumission et, aussi, de la honte feinte ou réelle. Dans tous les cas, l'attitude du demandeur doit être naturelle, c'est-à-dire, en réalité, friser la *sauvagerie*. Ainsi, par le recours aux détails qui assaisonnent l'amertume de son existence de polisson – le diable se trouve justement dans les détails –, le demandeur doit associer un peu d'exotisme aux vices qu'il dénonce : une excision, un mariage forcé tout aussi rocambolesque qu'imaginaire, avec la tension esthétique avérée du dégoût qui les caractérise. Ce combat, il le partage avec les Occidentaux dont il se satisfait à l'occasion de faire désormais partie.

Le faîte de l'obscénité est atteint lorsque la demande d'asile est introduite par une « victime » d'un viol : elle est tenue de donner des détails. Comme un *barbare*, le juge d'immigration le plus « compétent » et le plus « objectif » exigera d'être instruit de tout le dossier, c'est-à-dire des circonstances, du lieu, des sentiments éprouvés, etc. se rapportant au crime subi ou feint. Mais, à la sortie du procès, le calvaire du demandeur n'est pas achevé. Un autre effort est requis et pas des moindres : il doit travailler encore son désarroi pour reprendre, partiellement au moins, son identité, les habitudes, la voix qu'on lui connaît. Les dernières traces de son amour-propre saccagé sont maladroitement rafistolées à la sortie du tribunal de l'immigration afin qu'il paraisse indemne devant les usagers du métro, devant ses proches, à la maison, devant ses enfants et son épouse, ou à la manufacture, où il travaille souvent *en noir*.

S'il n'est pas appréhendé pour usurpation d'identité, pour parjure, etc., son existence de caméléon doit se figurer en permanence les conditions et les modalités de sa prochaine mue, puisque son angoisse est sans issue et ses risques d'anéantissement, incalculables. D'où le tragique de sa survie. Il doit imaginer en permanence les expédients à mobiliser dans chaque cas, s'il était découvert ou victime d'une suspicion tenace… Comme un philosophe, le demandeur d'asile pense en plein labyrinthe, scrutant chaque issue d'une problématique toujours tentaculaire, à savoir, dans son cas, le moyen de conjurer le sort auquel le destinent les insaisissables et tentaculaires trappes de l'immigration. Car, si les « Blancs » qui le traquent ne peuvent plus compter sur ses aveux faits aux prêtres lors de la confession, comme à l'époque coloniale, ils ne sont pas pour autant désarmés pour retrouver leurs traces. L'immigration dispose de tout un système sophistiqué pour le maîtriser, notamment, des écoutes téléphoniques, des recherches qu'elle mène dans son pays d'origine, des récompenses financières qu'elle offre aux traîtres qui dénoncent leurs frères de peau, des visites surprises de ses agents dans les manufactures complices de son exploitation, etc.

L'être et le paraître

Rentré parmi ses frères de galère, le demandeur d'asile revêt pourtant un héroïsme de circonstance et ne manque pas d'insulter proprement ces « petits blancs » qui « essayaient » de le ridiculiser. Il remarquera alors, *fièrement*, des dissonances dans leur diction, des fautes de langue dans leurs questions, des incohérences dans leur raisonnement, des difformités dans leurs corps et dans leurs mœurs, ou encore la grossièreté de leur habillement, en somme, leur absence de style et de goût. L'expression « sauver les apparences » n'a jamais été si opportune que dans ce cas. Mais son existence est si troublée que parfois lui-même ne saisit plus distinctement le moment où il joue au héros et celui où il se soustrait à la peur. L'unique conviction est d'ordre religieux ; c'est l'irrésistible et imparable expédient. Il n'a de crainte pour sa *régularisation* : le Christ ou Allah y pourvoira.

Au niveau du tragique donc, l'individu qui veut « des papiers » doit savoir toucher au moyen de preuves, d'images et de faits saisissants, réels ou inventés. Par le traitement inhumain dont il revendique être une victime, il joue sur l'imaginaire de ses juges et espère être *toléré*. Un *refus* éventuel, il le sait, compromettra son avenir. Pourrait-il payer ses dettes au village, où tous les membres de la famille ont contribué pour son ascension sociale – le voyage chez les Blancs ? Comment ? Que dira-t-il à son épouse et à ses enfants qu'il renie à l'audience pour les besoins de la cause ? Comment échappera-t-il à ses collègues et à ses patrons qu'il avait abusés ou trahis ? Et s'il avait participé à un génocide en tant que membre d'un escadron de la mort, que fera-t-il des victimes de sa barbarie réelle ? Ainsi arrive-t-il souvent que les demandeurs s'infligent machinalement des sévices corporels pour se donner la chance de s'en sortir lors de l'audience.

Pour échapper à un destin fatal, à savoir le refus de sa demande, le demandeur d'asile politique doit en outre tenter d'apitoyer ses juges. Le pathétique est mis à contribution : il montre que ses souffrances ont été multiples, variées et constamment endurées. Par la durée prétendument longue de son supplice, il croit susciter de la compassion, voire déclencher le larmoiement des yeux des agents qui le jugent, quoiqu'ignorant que ceux-ci sont taris de leur jus lacrymal à cause de la compétence professionnelle requise dans leur fonction. Il peut arriver cependant que la source émotive des juges soit miraculeusement en crue et qu'ils fondent en larmes au récit d'une intenable torture ou d'une insupportable cruauté. Par rapport au système, cette « faute lourde » ne manquera pas de représenter proprement un scandale et de compromettre durablement une carrière. Aussi un tel exploit est-il rare. Juges et avocats s'en prémunissent d'ailleurs rigoureusement par un doute quasi cartésien qu'ils appliquent sans distinction aux histoires qu'ils ont sous les yeux : un demandeur d'asile ment toujours ou, du moins, exagère très souvent. Il ne reste plus au demandeur que l'alternative infâme, le comble de l'autodérision, les pleurs. Il faut pleurer à chaudes larmes, tout en quêtant négligemment un réconfort ou, si l'on est chanceux, une consolation dans l'assistance. Feindre de perdre sa voix, l'enrouer de gémissements presque inaudibles lorsqu'on pressent le doute habiter la question du juge ou de l'avocat, constituent également des atouts.

Pour cette conscience perturbée de devoir perdre son identité, il ne faut pourtant ni se contredire, ni ignorer les droits de l'homme et l'égalité formelle entre les êtres humains et entre l'homme et la femme. Il faut que le demandeur soit ou bien très intelligent pour maintenir une ligne de défense constante et logique, ou bien fort rusé pour jouer à la perfection sa comédie de la victime expiatoire. À moins aussi que son passage à l'audience ne coïncide avec une humeur avenante des juges et que ceux-ci soient de bon augure. Dans le cas contraire, l'histoire doit être racontée de manière cohérente, sans redites, et doit être d'une limpide clarté. C'est l'exigence consulaire et « citoyenne » de logique. Le demandeur d'asile, quel qu'en soit la profession et le statut initial, doit constamment montrer qu'il est capable de continence et d'humanisme dans ses rapports avec les autres. S'il a le statut d'ancien militaire, il devra revendiquer, par exemple, un traitement humanitaire des prisonniers de guerre imaginaires dont il dira avoir eu la charge.

Pendant ce temps, rien n'indique que les juges et les représentants du gouvernement présents délibèrent. Manifestement, ils se complaisent à assister à l'humiliation programmée du demandeur d'asile. De leur air aussi préoccupé qu'absent, ils se délectent sournoisement de cette spectaculaire et gratuite déshumanisation, déformant ainsi leur sentiment du goût – ou structurant leur esthétique du dégoût – à ne prendre corps que dans le rabaissement le plus abject d'autrui. Ce qui signifie aussi qu'ils se constituent une nature de *bêtes de proie*. De l'audience sortent diversement des vrais humains, les juges, et des mammifères transformés en ombres humaines ; la femelle et le mâle jugés, c'est-à-dire les victimes, sont des humains au rabais puisqu'humiliés et rabaissés. En d'autres termes, ce sont des libertés anéanties, des spectres et des hypothèses discursives devant entrer dans les prévisions des agents d'immigration et dans la comptabilité des organismes de *bienfaisance*. Et le fait que ces consciences se soient laissé constituer prisonnières du droit à l'existence qu'ils revendiquaient marque si bien leur chute que ces individus ne voient désormais leur salut qu'en la personne du juge d'immigration.

Les mues pour la survie

Les demandeurs auront si rigoureusement développé les mécanismes de ce masochisme imposé qu'ils iront jusqu'à déchirer leurs vrais papiers d'identité pour aspirer « aux papiers » – à l'identité – qui devaient leur garantir un peu d'humanité ; ils vivent ce déchirement comme une désarticulation intérieure : ni sauvés ni totalement damnés. Dans les rues de New-York, Montréal, Paris, Londres, Bruxelles, Amsterdam, etc., nous rencontrons tous les jours ces spectres vivants, qui ont changé matériellement d'identité, ou encore ceux qui l'ont perdue à l'audience solennelle de défense de leur *histoire*. N'étant même pas dignes d'être des bêtes – on a un si grand respect pour les écureuils au Canada et aux États-Unis, et pour les chiens et les chats, eu Europe et en Amérique du Nord ! –, ces mammifères égarés torturent cyniquement les « animaux » dans leurs villages… Que ne sont-ils de simples arbres ? L'éthique environnementale eût pourvu à leur dignité en tant que poumons de la planète.

Ces plantes rabougries, donc, n'ont plus qu'une unique consolation, à savoir, la vénération naïve des parents et des amis restés au pays qui, lorsqu'ils s'avisent de les appeler, s'extasient et s'évadent de leur quotidien *épiphénoménal* de *privations* pour participer mystiquement, par l'effet du combiné téléphonique, aux délices du monde véritable, le village des *Blancs*, celui des droits de l'homme, de la justice, de l'égalité, de la liberté, de la fraternité, etc. Ils ne veulent circonscrire les limites, les non-dits et les dérives de cette croyance. Le peuvent-ils d'ailleurs ? Rien n'est moins sûr : ils ne croient qu'en

Dieu, pas aux idéologies. Et ce ne sont pas seulement les Nègres vivant en Afrique qui croient à ces pernicieuses naïvetés ; c'est aussi le fait de certains autres, universitaires des universités de Chicago, d'Harvard, de Maastricht, de la Sorbonne, de Londres, etc.

Nous ne prétendons pas qu'il n'y a que de fausses histoires, encore moins que tous les juges à l'immigration soient cyniques. Nous soutenons seulement que le système actuel de l'asile politique, dans la mesure où il favorise le tragi-comique et le ridicule et n'accorde pas la priorité aux revendications économiques qui justifient prioritairement les migrations contemporaines, conduit à la double aliénation du demandeur et de l'agent d'immigration. Il n'est plus justifiable à notre époque.

IV- L'indignité imaginaire ou le théâtre de la pitié

Les philosophes tels qu'Aristote[97], Schopenhauer[98], Nietzsche, La Rochefoucauld ou Alain ont établi les fondements de la pitié. Alain écrit : « Il y a une bonté qui assombrit la vie, une bonté qui est tristesse, que l'on appelle communément pitié, et qui est un des fléaux humains. [...]. Nul n'aime inspirer la pitié[99] ». Les

---

97 Aristote, *Poétique*, « car la pitié naît du malheur non mérité, et la terreur, du malheur d'un être qui nous ressemble. », (Aristote, *Poétique*, Nouv. éd., rev. et corr. trad. française par Ch. Batteux, Paris, Imprimerie et Librairie classiques de Jules Delalain et Fils, 1874, p. 19-20).

98 La pitié chez Schaupenhauer est une entrave majeure à la connaissance discursive et à l'exercice libre du goût. Comme Goethe, le dénuement, chez lui, est une tare, la marque du non-humain : la modestie est le propre des crapules (Voir Arthur Schaupenhauer, *Le monde comme volonté et représentation II, Qui contient les compléments des quatre livres du tome I*, traduit de l'allemand par Christian Sommer, Vincent Stanek et Marianne Dautrey, Annoté par Vincent Stanek, Ugo Batini et Christian Sommer, Pais, Gallimard, 2009, p. 1822).

99 Alain, « Pitié », in *Propos sur le bonheur*, Paris, Gallimard, 1928, p. 148.

écrivains quant à eux ont mis en scène les ressorts intimes de la dignité et les impasses qui la constituent intrinsèquement. De notre point de vue, l'un des auteurs qui a le mieux représenté les dérives des politiques de l'amour est Bertolt Brecht. Il a adroitement mis en scène l'*art mendicitaire* qui mobilise la pitié et l'apitoiement à travers sa peinture de l'officine de la pitié.

Pour comprendre la dynamique révolutionnaire de l'écriture brechtienne, ainsi que l'envergure des changements qu'opère Brecht dans le théâtre moderne, il faut entrer dans la scène de son génie littéraire. Essayons de relire *L'Opéra de quat' sous*, par exemple. Cette pièce de théâtre est conçue suivant le schéma de *L'Opéra des gueux* de John Gay[100]. Que ce soit au niveau de la thématique qu'à celui des personnages, l'intrigue est construite suivant la même rigueur et avec le moins de scrupules possibles. Nous retrouvons surtout la même férocité esthétique chez les deux dramaturges, lorsqu'il est question de la caricature de la physionomie et de la psychologie des acteurs.

L'Opéra de quat' sous développe implicitement le thème de la compassion et la critique de l'engagement humanitaire. Son personnage principal, Peachum, autoproclamé chef des mendiants, ouvre une officine de la pitié et met sur pied des licences et des formations pour recruter en vue de la mendicité. Il conçoit par ailleurs une sorte de logistique de la misère, faite de postures

[100] L'*Opéra des gueux* (*Beggar's Opera*) est une pièce écrite par John Gay, sur une musique de Johann Christoph Pepusch. Ce dernier crée en effet un anti-opéra. Ce nouveau théâtre vise à mimer les mœurs de la haute société anglaise à partir d'un jeu de rôles des mendiants et des bandits des bas-fonds londoniens. En 1728, John Rich mit en scène l'*Opéra des gueux*. La pièce eut un succès retentissant. L'*Opéra des gueux* va d'ailleurs inspirer Berthold Brecht. C'est ainsi que le capitaine Macheath et Polly Peachum, qui sont des personnages principaux de cet anti-opéra, se retrouvent aussi dans l'*Opéra de quat'sous*.

humiliantes, de maximes cyniques et de procédés d'avilissement divers susceptibles d'émouvoir les passants : « Il faut que cela change ! Mon métier devient impossible ; il consiste à éveiller la pitié chez les gens. Il existe bien quelques trop rares procédés capables d'émouvoir le cœur de l'homme, mais le malheur est qu'ils cessent d'agir au bout de deux ou trois fois. Car l'homme possède une redoutable aptitude à se rendre insensible pour ainsi dire à volonté[101]. »

Et, dans son *art mendicitaire*, un principe règle l'ensemble du processus : un mendiant ne peut éprouver de la pitié, car il est la pitié incarnée. Or, pour le mendiant, maintenir le sentiment de pitié contribuerait, de fait, à se dédire et, surtout, à compromettre le rôle social qui lui est assigné par le système, à savoir sa fonction de susciter la compassion du public face à sa misère. C'est que le mendiant doit se constituer une « essence » de sous-homme. En d'autres termes, il doit être en permanence occupé à la tâche herculéenne de préserver l'épouvante qui lui assure son pain quotidien. Cette « nature » qu'on lui assigne à travers des dons, pour qu'il oublie définitivement l'humanité qui le constitue pourtant, ce statut de bête qu'il revendique à travers sa gestuelle grossière et ses viles suppliques, est tout pour lui : c'est lui-même s'établissant comme néant d'être, simple résidu de l'histoire. C'est cette irréalisation forcenée qui garantit sa survie au quotidien. Sa précarité, il doit mieux l'organiser. S'il veut manger, il doit la radicaliser à tel point qu'il puisse *toucher* le cœur de pierre du bourgeois le plus élitiste qui passerait au travers de son chemin :

> *Je suis arrivé à la conclusion que si les grands de la terre sont capables de provoquer la misère, ils sont incapables d'en supporter la vue. Car ce sont des*

[101] Bertolt Brecht, *Théâtre complet*, Paris, L'Arche, t.7, 1959, p. 10.

faibles et des imbéciles, exactement comme vous. S'ils ont à bouffer jusqu'à la fin de leurs jours, s'ils peuvent enduire leur plancher de beurre, pour engraisser jusqu'aux miettes qui tombent de leur table, ils ne peuvent pas voir de sang-froid un homme tomber d'inanition dans la rue. Encore faut-il qu'il vienne tomber devant leur porte[102].

Telle est la subtile critique brechtienne de l'humaniste bourgeois : malgré ses gestes de tendresse et son discours apparemment irréprochable, l'engagement humanitaire de Peachum dissimule une féroce misanthropie. Il dépouille cyniquement ses recrues de la misère. En engageant Filch à mendier pour son compte, tout en le traitant avec tous les égards dus à un fils, il l'abrutit cyniquement et fait fructifier ainsi son épouvantable cupidité. Sa vanité brille de tout le lustre de sa perverse emprise. Il dit d'abord : « Parce que personne ne croit aux misères véritables de personne, mon fils. Si tu as mal au ventre et que tu le dis, ça ne produit qu'une impression dégoûtante[103]. » Et, ensuite : « Car la bassesse du monde est telle qu'il faut sans cesse agiter les jambes en courant, de peur de se les faire voler[104]. »

Macheath, un autre personnage de *L'Opéra de quat' sous,* permet de mieux circonscrire le génie de l'écriture brechtienne. Les convictions de ce chef des gangsters se situent aux antipodes de l'humanisme de Peachum. Pour lui, en effet, les principes abstraits de la morale sont inopérants dans l'histoire. Il estime par conséquent que quiconque veut s'assurer un avenir dans ce monde doit travailler à nourrir et à sauver exclusivement sa peau, au-delà de l'intérêt général du groupe :

---

[102]*Ibidem*, p. 70.
[103]*Ibidem*, p. 14.
[104]*Ibidem*, p. 40.

La bouffe vient d'abord, ensuite la morale ! [...]
De quoi vit l'homme ? De sans cesse
Torturer, dépouiller, déchirer, égorger, dévorer l'homme !
L'homme ne vit que d'oublier sans cesse
Qu'en fin de compte il est un homme[105].

De là se déploie une critique soutenue de la psychologie bourgeoise. Dans *L'Opéra de quat' sous*, c'est Peachum qui en est le spécialiste. Il soutient que les bourgeois travaillent en permanence à construire des murs – aussi matériels qu'imaginaires – assez résistants pour leur permettre de se soustraire aux interpellations de leur bon sens et aux assauts de la souffrance d'autrui. Dans une sorte de psychologie du bourgeois, Brecht ira plus loin en identifiant les sept péchés capitaux des petits bourgeois : « La paresse dans l'exercice de l'injustice ; l'orgueil de montrer le meilleur de soi-même (refus de se vendre) ; la colère contre la vilénie ; la gourmandise (manger selon sa faim les produits de son travail) ; la luxure (l'amour désintéressé) ; l'avarice dans la pratique du vol et de la tromperie ; l'envie envers les gens heureux[106]. »

Ce qui est en jeu ici, c'est la dimension réactionnaire de l'idéologie bourgeoise et son corollaire qu'est l'absence d'une expérience de l'amour et de la justice éprouvée au niveau interindividuel. Brecht expose par la suite la morale de l'opportunisme et du cynisme qui est constitutive du manichéisme bourgeois :

Qui se met en colère à la vue des sévices,
Mieux vaudrait pour lui être mort.
Qui ne supporte pas la vilénie
Comment le supporterait-on ?

---

[105]*Ibidem*, p. 66.
[106]Bertolt Brecht, *Les sept péchés capitaux des petits bourgeois*, dans *Théâtre complet*, p. 142.

Qui ne commet point d'offense
Expie ici-bas[107].

Dans ces conditions, la loi ne représente pas nécessairement la limite de l'infraction ou le rempart contre les crimes. Elle peut surtout contribuer à garantir et à légitimer l'exploitation et la domination des autres, de telle sorte que la rhétorique juridique ambiante soit en fin de compte sinon un prétexte, du moins la façade la plus acceptable de cet assujettissement radical du droit à des intérêts particuliers. Peachum déclare :

Les lois sont faites pour mieux exploiter ceux qui ne les comprennent pas, ou ceux que la misère la plus noire empêche de s'y conformer. Et qui veut recueillir quelques miettes de cette gigantesque exploitation doit respecter scrupuleusement les lois ! [...] Nos juges sont parfaitement et radicalement incorruptibles : aucune somme d'argent, aucune pression d'aucune sorte ne saurait les inciter à rendre une justice équitable[108] *!*

Aussi Brecht mystifie-t-il la mystification des Donateurs. Autrement dit, il dénonce la rhétorique des droits de l'homme et des impératifs moraux par quoi les puissants de notre monde mystifient les masses et s'assurent de dominer et d'exploiter sans scrupules les victimes de leur vulgate humanitaire. Ainsi, en irradiant assidûment les niais et les cœurs crédules de ce capital d'« amour » et de « droit » au point d'espérer ne jamais susciter de soupçons quant à leurs réelles intentions, ils réussissent à éliminer systématiquement les contestataires de leur entreprise anthropophage.

---

[107]*Ibidem*, p. 147.
[108]*Ibidem*, p. 72.

L'enjeu politico-éthique de cette théâtralisation de la mendicité est évident. Avec les récentes guerres des grandes puissances et des multinationales occidentales, un événement inédit s'est produit dans l'histoire humaine : une Communauté des Pilleurs Impénitents (la C.P.I.) s'est constituée. Elle s'est confondue à la Cour Pénale Internationale et s'est arrogé le « droit », d'une part, d'arrêter, de séquestrer et de « juger » les dirigeants de la périphérie du monde industrialisé, qui résistent à leurs brigandages ; et, d'autre part, de ne pas inquiéter les brigands qui s'attaquent aux institutions républicaines. Ces populations qu'ils écument et qu'ils sauvent en les déversant diversement des bombes à sous-munitions et de l'aide humanitaire, ils entreprennent avec méthode de les convaincre qu'ils les libèrent au moyen de leurs « révolutions » démocratiques. Suivant leurs sophismes, ces dégâts collatéraux représentent autant de manifestations de la *Raison exotique* des sous-hommes qui bute contre ses inconséquences originelles et ses contradictions inouïes.

Les Puissants et leurs sbires, les bourgeois indigènes, ne se contentent plus de recourir aux nobles sentiments pour arracher les libertés aux peuples ; ils ont de plus en plus recours au droit international pour leur contester la pertinence de leur prétention à vivre. Or, précisément, en quoi le devoir de défendre la liberté de voter implique le « droit » de terroriser certains peuples et de bombarder des villes entières ? Et les sous-hommes, dont on spolie quotidiennement les richesses au quotidien par des bombardements démocratiques, doivent-ils se contenter de se ruer sur les slogans humanitaires de leurs bourreaux et dépenser leurs maigres énergies à voter à tout prix ? Les agents de la pitié, sont-ce des messagers de notre honneur ou les facteurs de notre avilissement ? Il faut en conclure que le droit de chacun de nous, en tant que mammifère pensant, est d'arrêter la militarisation du droit. On sait le mot énigmatique de José Marti : « *La liberté est le droit pour tout homme d'être honnête.* » Notre devoir à tous, c'est celui de mettre un terme à l'assujettissement de l'idéal de dignité humaine aux appétits hégémoniques des lobbies et d'une minorité de cyniques qui écume nos contrées. Terminons cette réflexion par le mot d'Alain : « Le droit vaut mieux que nous. [...] Nul n'est digne du droit, voilà le fondement du droit[109] ». Ce n'est point le temps des complaintes égalitaristes, des jérémiades juridiques et des sollicitudes compatissantes ; l'heure est à la reconquête de la liberté de notre esprit et de nos sentiments authentiques volés.

En définitive, que retenir du parallèle entre la dignité et l'indignité imaginaire que je viens d'esquisser ? que retenir de cette trame de l'Histoire que je viens de sonder ? Deux choses principalement : une prise de conscience par rapport à l'humanisme abstrait ambiant et une redéfinition de l'histoire et de notre rôle dans celui-ci. En rapport avec le premier point, rappelons ce mot d'Aristote : « La foule se révolte de l'inégalité des fortunes, et les hommes supérieurs s'indignent de l'égale répartition des honneurs [...]. Si ces désirs sont désordonnés, les hommes auront recours au crime pour guérir le mal qui les tourmente. J'ajoute même qu'ils s'y livreront non-seulement par cette raison, mais aussi par le simple motif, si leur caprice les y porte, de n'être point troublés dans leurs plaisirs[110]. » Les nouvelles tendances de l'idéologie humanitaire conduisent non seulement à une mystification soutenue des peuples,

[109] Alain (Émile Chartier) [1952], « La doctrine : I - Doctrine politique. Propos 77 : Nul n'est digne du Droit », in *Éléments d'une doctrine radicale*, p. 168-169.

[110] Aristote (0384-0322 av. J.-C.), *Politique d'Aristote* (3e éd. rev. et corr.), trad. en français d'après le texte collationné sur les manuscrits et les éd. principales par J. Barthélemy-SaintHilaire, Paris, Librairie philosophique de Lagrange, 1874, p. 80.

mais aussi à d'irréductibles contradictions entre le droit et la force, qui sont à l'origine de nombreux conflits armés. Or, quelle valeur peut-on reconnaître à une « légitimité » sous-tendue par la mystification des êtres humains ? Que vaut/peut la démocratie lorsqu'elle n'a plus pour enjeu la sauvegarde des libertés individuelles et de la souveraineté des États mais la sauvegarde d'un ordre du monde anachronique et sanguinaire ? De toute évidence, l'idéologie actuelle de l'amour universel est, en réalité, la parure la plus manifeste du cynisme, de la haine et de la raison du plus fort. C'est pourquoi nous devons aller plus avant, en interrogeant les ressorts idéologiques, les implications politiques ainsi que la portée anthropologique des mutations politiques dont la Seconde Guerre mondiale est assortie. Il est remarquable, par exemple, que le mot « black » soit devenu péjoratif et que celui de « Nègre » soit progressivement retirée de la circulation langagière, en Amérique du Nord notamment, au profit de la notion plus *politiquement correcte* de « racialized people ».Nous devons nous enquérir de cette dépigmentation rhétorique, parce qu'elle constitue la majorité des peuples de la terre en autant de sujets formels de l'omnipotente commisération des agents humanitaires et de leurs sponsors.

Par rapport à l'histoire, nous sommes ainsi conduit à la thèse de Jean-François Mattéi, qui soutient que les hommes se sont indignés avant de concevoir la notion de dignité : « le sentiment d'indignation a précédé, et précipité ensuite, le concept de dignité en permettant l'éclosion de ce que nous nommons depuis Rousseau la conscience morale. [...] L'homme n'est pas indigné parce qu'un acte vil a porté atteinte à une dignité abstraite ; il proclame son exigence de dignité parce qu'il a éprouvé des indignations réelles[111] ». Il en est pourtant autrement dans l'idéologie humanitaire, où la dignité est davantage admise comme le fantasme des puissants[112] et non impliquée comme la dynamique qui sous-tend l'action individuelle et les politiques étatiques.

Nous vivons, malheureusement, à l'ère du triomphe de la logique réactionnaire et du cynisme qui en est l'une des modalités constitutives. Lisons ces phrases d'une victime illustre de l'indignité décrétée du Nègre, Thomas Sankara : « L'histoire et le processus de conscientisation des masses populaires suivent un cheminement dialectique qui échappe à la logique réactionnaire[113]. » Nous devons sortir de cette préhistoire où la rhétorique des droits de l'homme et les politiques humanitaires nous réduisent. Car, – et c'est une lapalissade, – il n'est pas de liberté (ni de droit) qui soit le produit d'un don.

L'indignité ne consiste donc point à jouer au nécessiteux ; le mal radical, l'indignité véritable, c'est, *parler pour les autres*. De même la *maladie* de l'humanitaire, c'est notre cécité historique à interroger les raisons de notre capacité à être seul capable de donner à autrui, sans jamais se demander pourquoi il ne *devrait* pas aussi nous aider. La banalité dégoûtante de cette chose secourable inspire nécessairement le narcissisme des

---

[111] Jean-François Mattéi, *De l'indignation*, Paris, La Table Ronde, 2005, p. 15.

[112] On sait la diatribe de Bossuet : « Les mauvais riches sont des "pauvres intérieurs, toujours avides, toujours affamés dans la profusion et dans l'excès même" ». En fait Bossuet entreprend une critique virulente des inégalités et du manque de solidarité dans un réquisitoire au ton fort sarcastique sur l'éminente dignité des pauvres (voir Jacques-Bénigne Bossuet, Alain SUPIOT (prés.), *De l'éminente dignité des pauvres, Paris,* Fayard/Mille et une nuits, 2015).

[113] Thomas Sankara, cité dans Michel Prairie (éd.), *Thomas Sankara parle. La révolution au Burkina Faso 1983-1987*, New York, Pathfinder Press, 2007, p. 85.

nantis et les contraint, à leur insu ou suivant la vigueur de leur mauvaise foi, à revêtir les manteaux plus confortables de la vanité sadique, du cynisme et de la misanthropie. Nous en concluons provisoirement qu'il est malsain de croire que le sous-homme, le réfugié en l'occurrence, est *digne* qu'on l'aide. Il n'est pas sain de s'estimer seul digne de porter secours à autrui ; il faut concevoir une fierté analogue chez celui-ci, qui le prédispose aussi à aider. Car autrement, on construit et entretient patiemment l'indignité imaginaire et les terreurs de droit qui enflamment les quatre coins de notre monde globalisé.

Chapitre IV
La dépolitisation du monde globalisé

La mise en évidence des relations contrastées et deshumanisantes entre des acteurs historiques donnés permet au moins d'avoir une meilleure visibilité des conséquences économiques et socio-politiques de l'humanisme abstrait, notamment l'exploitation, la domination et les crimes qui en sont les conséquences. Une critique soutenue du néo-colonialisme permet de comprendre adéquatement le caractère destructeur du néo-libéralisme, qui est le capitalisme ayant atteint la maturité. On pourrait ainsi concevoir les changements diplomatico-stratégiques et économiques qui sont nécessaires pour la réalisation du grand Capital financier, c'est-à-dire qu'on percevrait les nouvelles stratégies d'étouffement, de prédation et de gaspillage auxquelles les multinationales recourent pour s'assurer de tuer avec le maximum de sécurité et de rentabilité.

I. Le coût humain du néo-colonialisme et néo-libéralisme

Pour s'expliquer cette boulimie vertigineuse par rapport aux matières premières et aux vies humaines, il faut se rendre à l'évidence non seulement que le néo-colonialisme est contemporain du néo-libéralisme et qu'il était anthropophage, mais aussi que ses conséquences économiques et socio-politiques sont catastrophiques pour la périphérie du monde industrialisé. Car le néo-colonialisme, c'est cela : un ensemble des mécanismes juridiques et institutionnels dont se servent les multinationales et les Grandes Puissances, depuis la fin de la Deuxième Guerre mondiale, pour dépouiller cyniquement les peuples. Pour le comprendre adéquatement, rappelons le projet du FMI et de la Banque mondiale des années 70 consiste en : 1) la déréglementation des marchés financiers mondiaux, avec pour conséquence la libre circulation des capitaux, ce qui conduit à une sorte de légalisation par les pays riches du blanchiment d'argent, puisqu'ils mettent sur pied des mécanismes très subtils (une bureaucratie opaque et surpayée, qui garantit une confidentialité sans faille à ses clients véreux, des systèmes informatiques très sophistiqués, pour effacer les traces, etc.) pour attirer les fonds les plus douteux dans leurs paradis fiscaux, notamment l'argent détourné dans les pays en développement par des autocrates qu'ils y installent eux-mêmes ; 2) la libéralisation des flux commerciaux, c'est-à-dire faire exploser les barrières mises en place par les pays en développement depuis la Grande dépression en vue de protéger leurs économies ; 3) l'affaiblissement de l'État : ici, pour minimiser ses interventions dans le jeu économique on supprime les recettes fiscales, douanières, etc., de telle sorte qu'il ne soit plus capable de protéger et d'entretenir ses citoyens ; 4) la privatisation des industries : on arrache aux États leur souveraineté en bradant leurs outils de production aux investisseurs étrangers, les entreprises publiques principalement.

Telles sont, en effet, les quatre mesures qui constituent le néo-libéralisme. Autant dire que c'est le triomphe de l'arnaque et de l'avarice. Qui eût pu penser un jour que le néo-libéralisme deviendrait légal, c'est-à-dire s'imaginer un temps où, comme maintenant, des brigands appelés bailleurs de fonds ordonnent tout simplement aux États souverains, en plein jour et en toute « légalité », de déposer leurs richesses naturelles et leurs moyens de production dans leurs mallettes et d'apprendre à faire le régime, en sachant pertinemment qu'ils n'y survivraient pas comme eux, qui ne peuvent s'empêcher de s'engraisser de leurs profanations boursières ? Car, les multinationales veulent tout ravir aux peuples ; elles ne veulent point donner le franc symbolique qu'on leur demande après leur inculpation par l'Histoire à la faveur des millions de victimes qu'accompagne leur colossale cupidité. Pour saisir les implications historiques de ces contraintes économiques et diplomatico-stratégiques, il faudrait traduire plus adéquatement la vision néolibérale du monde par les agents du néo-colonialisme actuel et entreprend de démêler les subtiles mystifications, mensonges et dégâts humains – en termes d'aliénation des libertés et de gaspillage des vies – qui en sont l'énorme corollaire.

Il faudrait surtout analyser le tournant que représentent la guerre du Vietnam, les assassinats politiques des leaders révolutionnaires du Sud et les récentes expéditions punitives occidentales en Orient et en Afrique. Car, après ses forfaits et ses massacres millénaires, les bourreaux des peuples viennent de réussir leur plus grand coup : ils ont volé le « droit international » et s'identifient désormais à lui. En effet, Avec les récentes guerres des grandes puissances et des multinationales occidentales (toutes représentées par l'O.N.U) en Côte d'Ivoire et en Libye, un événement inédit s'est produit dans l'histoire humaine : une Communauté des Pilleurs Impénitents (la C.P.I.) s'est constituée. Elle s'est substituée à la Cour Pénale Internationale et s'est arrogé le « droit », d'une part, d'arrêter, de séquestrer et de « juger » les dirigeants légalistes de la périphérie du monde industrialisé, qui veulent résister à leurs brigandages ; et, d'autre part, de ne pas inquiéter les brigands qui s'attaquent aux institutions républicaines et chassent, à grand renfort de détonations, les dirigeants que les peuples choisissent. Ils pillent impunément les villes entières et massacrent, violent, égorgent les populations civiles. Ils boivent le sang de leurs victimes, comme dans *Dracula*. Ces populations qu'ils écument, ils affirment pourtant les libérer au moyen des « révolutions » barbares qui, suivant leurs sophismes, ne représentent qu'autant de manifestations de la *Raison exotique*[114] des sous-hommes qui bute contre ses inconséquences originelles et ses contradictions inouïes.

Aussi ces assassins économiques « légaux » peuvent-ils bénéficier de l'onction du Conseil de sécurité des Nations-Unies. Désormais ils ne se contentent plus de recourir aux nobles sentiments pour arracher les libertés aux peuples ; ils ont de plus en plus recours au droit international pour leur contester la pertinence de leur prétention à vivre. Or, précisément, en quoi le devoir de défendre la liberté de voter implique le « droit » de terroriser certains peuples et de bombarder des villes entières ? Et les sous-hommes dont on spolie quotidiennement les richesses au quotidien par des bombardements démocratiques doivent-ils se contenter de se ruer sur les slogans humanitaires de leurs bourreaux et dépenser leurs maigres énergies à voter à tout prix ? La Communauté des Pilleurs Impénitents va plus loin. Que ce soit au Vietnam, au Congo, en Palestine, en Côte d'Ivoire ou en Libye, c'est le même *modus operandi* : on militarise tout simplement le droit, c'est-à-dire on l'assujettit aux appétits hégémoniques.

Les « bombes exotiques » ou l'argument imparable du génocide

Le 4 mai 1967, M. J. B. Neilands rapportait devant le Tribunal Russell le reportage suivant du *New York Times* :

---

[114] Achille Mbembé avait commis un ouvrage fort édifiant au sujet des fonctions d'un imaginaire spécifique « le Nègre », dans la construction des identités au plan racial (Achille Mbembé, *Critique de la raison nègre*, Paris, La Découverte, 2013).

« "Le Vietcong face aux armes exotiques", des chapelets de bombes ravagent la montagne dans un vacarme épouvantable. […] Il s'agit de C.B.U., abréviation que les militaires utilisent pour designer les *cluster bombs units* (ou "bombes" miniature disposées en "bouquet" sous enveloppe "unique") […] Il semble qu'on ait honte, au Département de la Défense comme à la Maison Blanche, de ces C.B.U. et des armes dites exotiques, dont une variété nouvelle et supérieure de napalm. […] Une C.B.U. consiste en une boite à mitraille, de couleur orange et aux ailettes argentées, contenant 800 bombes miniature[115]. » Ces déclarations du *New York Times* apportent un cinglant démenti aux dénégations officielles des autorités américaines, qui se défendaient d'utiliser les bombes antipersonnel au Vietnam. Ce qui retient davantage notre attention, ici, c'est le qualificatif « exotiques » qui accompagne les bombes. La pertinence de cette désignation est déroutante : les bombes antipersonnel ne viseraient qu'une partie précise de l'humanité ; elles ne sauraient en aucun cas être utilisées contre un citoyen d'Occident, à moins que l'auteur d'une telle « inhumanité » ne veuille provoquer un scandale planétaire. La structure de ces bombes montre à suffisance comment l'intelligence humaine peut travailler à anéantir la vie : les bombes exotiques s'attaquent principalement aux systèmes moteur et nerveux de l'organisme ; « le napalm transforme une zone d'un diamètre de 80 mètres en une mer de flammes d'une température de 800 à 1300 degrés. À cette température, le napalm non seulement consume les chairs et la peau des victimes mais elle soude même les os ensemble[116]. »

[115] J. B. Neilands, cité dans Vladimir Dedijer (éd.), *Tribunal Russell. Le jugement de Stockholm* Paris, Gallimard, 1967, p. 166.
[116] *Ibidem*, p. 157-164 et p. 189.

Charles N. Tanner, un officier américain appartenant à l'équipage du porte-avions *Coral sea* fait prisonnier par les Vietnamiens, révèle que l'aviation américaine bombardait les montagnes parce que la population vietnamienne s'y retranchait pour fuir les villes qui étaient constamment pilonnées, surtout la nuit, pour faire le maximum de victimes civiles. Pour s'assurer qu'ils ne se souviennent en aucun moment qu'ils sont des êtres humains, les militaires américains cultivent la sauvagerie au point d'en faire une qualité personnelle et un devoir patriotique. C'est ainsi qu'ils vont jusqu'à se convaincre, par l'absurde, que lorsqu'ils bombardent les Vietnamiens en masse, ils les nourrissent d'ananas et des goyaves ; qu'ils les accompagnent à la tombe avec dignité, en leur remettant gracieusement des « bouquets » de fleurs. D'où les noms de code qu'ils donnaient aux bombes à fragmentations : « Ananas », pour les bombes à fragmentation à explosion cylindrique ; « Goyave », pour les bombes à fragmentation à explosion sphérique. Dans leur imaginaire subjugué par une injustifiable haine, ils ne déversaient pas des bombes au napalm, au phosphore, au sodium, au magnésium ; ils distribuaient plutôt des fruits[117]. Admirons les scènes exotiques que provoquent

[117] Nous avons aussi vu que dans la seconde guerre du Golfe, les *Marines* américains de George W. Bush, suivant leurs humeurs, parachutaient diversement des bombes, des biscuits et des bonbons aux Irakiens. Ceux-ci en mangeaient ou en mouraient, suivant le hasard qui les faisait tomber sur un « candy » ou le malheur qui les faisait rencontrer un explosif. *Candy* est un mot anglais qui désigne une friandise. Remarquons au passage l'alliage suspect que connote ce terme, à mi-chemin entre l'inoffensivité (candide ?) et l'utilité (*candle* ou bougie). La bougie est, d'abord, la lanterne utilisée pour annoncer un événement solennel ou poignant, un enterrement, par exemple ; elle est, aussi, l'occasion des grandes évasions : c'est la flamme qui sort, comme par magie, d'un magma de graisse momifiée pour éclairer de toute son insaisissable occurrence deux êtres que l'aventure amoureuse fusionne harmonieusement. Il n'est pas superflu de s'interroger sur les effets

ces bombes. Écoutons le témoignage d'un collégien vietnamien qui en a fait les frais : « C'était le 8 juillet 1964..., me dit-il. Nous étions au collège. Arriva un avion de reconnaissance, tirant sur notre école. Deux obus tombèrent sur l'édifice. Le maître fit évacuer les lieux. Nous courûmes aux abris, non sans être menacés par la chute des décombres. Plusieurs élèves y trouvèrent la mort. Peu après, les Américains envoyèrent six avions qui lancèrent des bombes au napalm sur notre école. Trois tombèrent aux alentours, provoquant un incendie. Certains élèves brûlaient comme des torches ; ils couraient de toutes parts, appelant leur maître, leurs parents, etc. Mais certains se jetèrent dans les trous d'eau où ils finirent par brûler. Quant à moi, mon visage commença à brûler. J'ai essayé de l'éteindre avec les mains ; j'ai commis l'erreur de mettre les bras dans l'eau et j'en ai perdu la peau. Il y eut des élèves abattus par le souffle de la bombe. Pendant ce temps, les avions mitraillaient les autres. Certains tombèrent, morts, dans les champs ; d'autres, mutilés, perdirent des jambes ou des bras. Affolé, j'ai couru à la maison, devant sauter par-dessus des cadavres d'enfants. À ce moment, les avions américains revinrent. (Les

---

« pacificateurs » que recherchent les autorités américaines par ces bombardements « humanitaires ». Ne travaillent-elles pas l'imaginaire des citoyens américains et des sous-hommes à s'accommoder des aberrations ? Autrement dit, ceux-ci devraient accepter que le gouvernement américain n'est pas à proprement parler en guerre contre un peuple ; qu'au contraire, Washington entreprend une noble tâche au-delà de ses frontières : il veut la paix ; que si les *Gis* tuent en masse, c'est que les pertes civiles ont le malheur de fraterniser par leur naissance avec le danger : elles sont arabes, comme les terroristes qu'ils pourchassent pour le bien de tous les peuples de la terre. La preuve : les *Gis* travaillent au bien-être des Irakiens : ils réparent les routes, les écoles, les hôpitaux et les mosquées qu'ils ont détruits ; les avions de la coalition leur distribuent des friandises.

photographies des jeunes gens brûlés par le napalm sont à la disposition du Tribunal)[118]. »

Cela valait la peine de citer en longueur ce témoignage. C'est à cette méthode barbare d'épuration raciale que vient de recourir l'Otan en Libye[119] : les Croisées pulvérisent une cible à partir de plusieurs angles d'attaque et par divers moyens. Ils récidivent quelques minutes plus tard, pour faucher le maximum de personnes, les proches ou les voisins ayant survécu aux premières attaques, ainsi que les secours dont on prévoit l'arrivée inévitable. Le cynisme du personnage de Steinbeck[120], qui heurte tant la sensibilité de M. Alejo Carpentier, c'est le cynisme des *GIs* américains et des soldats de l'Otan, lorsqu'ils sont en

---

[118] Témoignage recueilli par M. Alejo Carpentier, cité dans Vladimir Dedijer (éd.), *Tribunal Russell. Le jugement de Stockholm*, p. 260-261.

[119] Voir Christophe John Chivers et Eric Schmitt, « In Strikes on Libya by NATO, an Unspoken, Civilian Toll », dans *The New York Times*, du 17 décembre 2011. Au http://www.nytimes.com/2011/12/18/world/africa/scores-of-unintended-casualties-in-nato-war-in-libya.html?pagewanted=5&_r=1&sq=inquiry on war in libya 18 decembre 2011&st=cse&scp=2. Consulté le 21/01/2012.

[120] John Steinbeck est un écrivain et correspondant de guerre américain. Prix Nobel de littérature de 1962, il fut un défenseur ardent de la guerre du Vietnam. Pour lui, si un citoyen choisit de critiquer la politique de son gouvernement, il doit le faire en privé ; en public, il doit soutenir les actions de ses dirigeants, sinon il fournit des munitions aux ennemis de son pays. Par rapport à la guerre du Vietnam, John Steinbeck, qui était un ami du président Johnson, vantait les exploits des *GIs* et souhaitait qu'on rapportât partout leurs héroïsme, pour mettre des visages américains sur la guerre et pour en faire, d'office, une propriété américaine. Réputé raciste, il traitait les combattants Vietnamiens de « stupid bastards » et de « Charly », du nom de son chien (Voir son roman *Travel with Charly*). Les propos de J. Steinbeck, que Alejo Carpentier dénonçait pendant dénoncent le procès Russell, proviennent d'un article publié au *Newsday* le 7 janvier 1967, où le correspondant de guerre loue l'*adresse*, la *galanterie* et la *dextérité* des pilotes de chasse américains au Vietnam. Il les compare à d'excellents musiciens ayant des mains si fines et si musicales que celles de Pablo Casals.

croisade pour défendre la démocratie dans la périphérie du monde industrialisé. Ce témoignage permet de comprendre comment un être humain, lorsqu'il est gonflé à bloc par le lavage de cerveau, devient dangereux à tous et à lui-même. Que peut-on sensément attendre de tels machines à tuer, sinon la désolation et le chaos ? Un correspondant de l'agence américaine Associated Press décrit par exemple 6000 soldats américains en train de raser 4000 habitations, après avoir violé même les femmes âgées, les femmes enceintes et des fillettes : « Il y avait des GIs qui couraient en criant : Aujourd'hui, je suis un tueur ! Tuez-les tous, n'en laissez échapper aucun[121]. » Il eût fallu créer un autre mot que « bêtise » pour caractériser un tel déchaînement de l'infect en l'homme. Car, que peut-on ressentir après qu'on a « arraché un petit enfant des bras de sa mère pour l'écraser contre un arbre, et lancer ensuite son corps dans les flammes[122] » ? Comment peut-on massacrer avec une frénésie aussi *exotique* ? Que devient-on lorsqu'on a caressé avec une telle ferveur les pulsions les plus souterraines de notre espèce ? Sans nul doute, lorsqu'on est parvenu à susciter en soi les instincts les plus bas, le sentiment du goût s'en trouve perverti ; on ne peut plus s'arrêter de donner la mort, à moins de se la donner à soi-même, faute de preneurs. Or, sur un champ de bataille, il y en a toujours.

On comprend aussi plus aisément la portée politique de la sophistication des armes par les Grandes puissances. C'est qu'elles ne se contentent pas de massacrer au nom de la loi et des principes de justice internationale ; elles visent à anéantir la volonté individuelle des victimes : il faut que l'Histoire retienne qu'elles avaient renoncé à leurs libertés de leur propre chef. On comprend aussi

---

[121] Intervention de M. Nguyen Van Dong, cité dans Vladimir Dedijer (éd.), *Tribunal Russell. Le jugement de Stockholm*, p. 273.
[122] *Ibidem.*

pourquoi ils désignent leurs bombes à fragmentation par le terme « containers ». C'est parce qu'en pulvérisant du napalm et des bombes à fragmentation au-dessus des « populations civiles, habitations, villages, barrages, digues, établissement sanitaires, léproseries, écoles, églises, pagodes, monuments historiques et culturels[123] », bêtes et immondices, le Pentagone considère le Vietnam avant tout comme un champ expérimental. Et, comme dans un laboratoire, on veut d'abord voir comment les rats (Vietcong, notons la connotation péjorative qui achève le mot : « cons ? ») réagissent aux stimulations des « scientifiques » américains. Nous savons que la guerre représente une aubaine pour tester les nouvelles armes. Ainsi, on fait d'une pierre deux coups : on supprime des ennemis et on rentabilise l'expérience scientifique. Dans le cas d'espèce, à savoir la guerre du Vietnam, ces bombes ne doivent pas uniquement mutiler ; elles doivent irradier l'imagination des sous-hommes de toute la malhonnêteté sanguinaire des criminels de la paix mondiale qui les déversent. Il faut les contraindre à abdiquer et à renoncer à leur volonté « inconsidérée » d'une souveraineté nationale. C'est ainsi qu'en dépit des injustices qui les damnent, les victimes ne doivent pas se contenter de mourir ; elles doivent crever, comme des chiens : elles ne doivent pas bénéficier de l'honneur de disparaître en paix ; elles doivent mourir dans un épouvantable supplice : les yeux et tous les membres doivent être ouverts ; elles doivent être en pleurs, geindre et gémir de douleurs ; et, surtout, conserver tous ces « droits » outre-tombe, c'est-à-dire, en réalité, dans l'imaginaire collectif. Ils doivent survivre dans l'imaginaire collectif, parce que c'est sur les traumatismes qu'occasionnent ces génocides que les Grands de ce monde comptent pour dissuader les peuples

[123] Jean-Paul Sartre, « Jugement du tribunal », dans Vladimir Dedijer (éd.), *Tribunal Russell. Le jugement de Stockholm*, p. 343.

de se rebeller contre leurs immondes forfaits. Par la confidence qu'ils sont/font de mourir en souffrant, leur mort est une arme politique et militaire. Interrogeons davantage cette exploitation stratégique du génocide dans la guerre du Viêtnam.

Lorsque nous restons la bouche ouverte et les yeux ouverts, écarquillés, c'est que nous sommes saisis de stupeur ou de ravissement. Et celui qui nous surprend dans cet état, qui ignore les motifs de cet abasourdissement de fait, est stupéfait d'une posture si bête. De même les victimes des bombes à fragmentation et du napalm doivent succomber les yeux et tout le corps ouverts, comme un labyrinthe infâme de petits trous purulents. Par cette ouverture béante qu'ils représentent désormais, ils doivent démontrer à tous – et informer chacun – qu'ils ont été déraisonnables en exigeant jusqu'au bout que leurs bourreaux respectent leur volonté de vivre. Par la stupéfaction qu'ils inspirent, ils disent à la face du monde que la Raison noble et supérieure des Puissants de ce monde a eu raison de leur animalité constitutive en tant que mammifères inférieurs. C'est précisément l'image que les victimes doivent laisser. Les conditions et les modalités de leur mise à mort doivent être une mise en garde aux vivants : on ne combat pas le système ! Car la vie du sous-homme se comprend à l'aune de sa mort : il n'a jamais vraiment existé. Ce fut un mammifère quelconque, qui a travaillé à son insu à renforcer les chaînes qui le maintenaient provisoirement en haleine au service de son bourreau. C'est-à-dire qu'il est tout engagé aux tâches idéologiques et économiques que les multinationales et les lobbies divers lui assignent par compassion, à cause de leur magnanimité revendiquée.

II. La Communauté des Pilleurs Impénitents (la C.P.I.) et ses « dégâts collatéraux »

Si écrire c'est s'engager, l'engagement quant à lui devient la prospection sans concession des moindres réduits où se terrent les libertés moribondes des hommes-rats des bidonvilles en Occident et des villages de la périphérie du monde industrialisé, en tant qu'ils sont victimes de leur imaginaire, de la violence idéologique et des crimes exécrables des Hommes, c'est-à-dire les privilégiés du système capitaliste, aussi bien les *bourgeois indigènes* que les Blancs. C'est pourquoi le critique politique révolutionnaire n'entreprend pas d'abord de condamner les dictateurs en poste dans les ex-colonies, où les citoyens sont spoliés et martyrisés au quotidien. Il condamne prioritairement leurs gourous à la C.I.A., à la Maison Blanche, au 10 Downing Street, à Bruxelles, Tel-Aviv, Paris, etc. C'est qu'il estime qu'il faut questionner le vivre-ensemble au niveau international en construisant le paradigme de « l'éthique d'une responsabilité planétaire ». C'est cette démarche qui sous-tend ses réflexions au sujet de l'assassinat des leaders politiques du Sud, Patrice Émery Lumumba par exemple.

L'ONU et les sous-hommes : l'assassinat de Patrice Émeri Lumumba

En effet, le 23 juin 1960, Lumumba devient le premier ministre du Congo indépendant après que son parti, le MNC, et ses alliés eurent remporté les élections organisées en mai. Des désaccords surviennent avec le président Kasavubu, qui tente de le destituer. En retour, Lumumba le démet officiellement de ses fonctions. L'O.N.U. intervient en faveur de Kasavubu. Andrew W. Cordier, le représentant de l'O.N.U. à Léopoldville, ordonne aux Casques bleus (des troupes ghanéennes) d'occuper tous les aéroports, de prendre toutes les stations de radio et d'interdire de fait l'accès à la radio à Lumumba, le premier Ministre légitime du peuple congolais[124]. Par ailleurs, suite à une mutinerie des soldats nègres de l'armée congolaise, qui revendiquaient la revalorisation de leurs salaires et de leurs statuts (en tuant des officiers blancs et en violant des femmes belges), Patrice Lumumba décrète l'africanisation de l'armée et double la solde des soldats. En réponse, sous le prétexte de protéger les populations civiles, notamment les résidents belges, les autorités de Bruxelles envoie des troupes en soutien à Moïse Kapenda Tschombé, qui organise la sécession au Katanga, une riche région minière dominée par la puissante entreprise belge qu'était l'Union minière du Haut Katanga. Finalement, Lumumba est arrêté et exécuté après un coup de force mené par Désiré Mobutu. Le 18 janvier 1961, Lumumba et ses co-détenus sont assassinés : « En effet, une commission d'enquête de l'ONU dépêchée sur le terrain arrivera à la conclusion selon laquelle Lumumba et ses compagnons d'infortune ont été exécutés par des officiers belges (le colonel Huyghe, le capitaine Gat, etc.) dans une villa près de l'aéroport de Luano, peu de temps après leur arrivée le 17 janvier 1961, très probablement en présence des membres du gouvernement sécessionnistes katangais dont Tshombe, Munongo et Kibwe[125]. »

Après le récit de ce drame national congolais, le problème qui nous préoccupe est le suivant : qu'est-ce qui justifie notre intérêt pour les événements qui ont conduit à l'assassinat de Lumumba ? C'est qu'en dévoilant les stratégies d'asphyxie économique et politique des

---

[124] Le président américain de l'époque, Dwight Eisenhower, félicite d'ailleurs M. W. Cordier à la tribune de l'ONU le 22/09/1960 et lui promet de le récompenser en espèces sonnantes et trébuchantes (Bernard Laba Nzuzi, *L'équation congolaise. Visiter le passé afin de mieux s'armer pour l'avenir*, Paris, L'Harmattan, 2007, p. 43).

[125] Bernard Laba Nzuzi, *L'équation congolaise. Visiter le passé afin de mieux s'armer pour l'avenir*, p. 46.

puissances occidentales, qui ont miné le double projet d'unité nationale congolaise et d'unité africaine de Patrice Lumumba, et en démontrant que l'assassinat de celui-ci s'est fait à l'issue de la première intervention armée de l'O.N.U. dans un État souverain[126], nous portons l'estocade à la rhétorique de la démocratisation de l'Afrique par les anciennes puissances colonisatrices.

Il faut d'ailleurs reconnaître le rôle trouble de l'O.N.U. dans le meurtre du leader panafricaniste Lumumba, à travers sa collusion avec la C.I.A. américaine et avec le gouvernement belge de l'époque. Cela permet de se défier non seulement de son action et de sa prétention à assurer la rencontre entre les peuples, mais aussi de sa capacité structurelle à empêcher le néo-colonialisme. Peut-être est-ce à ce niveau que nous pourrions évaluer la *puissance et la férocité de la tricherie du néo-colonialisme*. La question que l'on se poserait dès lors est la suivante : l'O.N.U., est-ce le nouvel acteur unicolore qui accompagne les opposants au néo-colonialisme à la Cour Pénale Internationale ou au lynchage public, suivant ses humeurs « blanches » ? Est-ce le bras unipolaire de démocratie inégalitaire qui tord le cou « noir » des barbares ? Est-ce la *main invisible* qui contribue en même temps à distraire les richesses des « sous-hommes » et à essuyer les larmes de ceux qui sont spoliés ? Pour le dire dans les termes de Jean Ziegler, les Casques Bleus seraient-ils l'*Armée*

[126] La deuxième intervention meurtrière des casques bleus de l'O.N.U. vient d'avoir lieu en Côte d'Ivoire, après des élections controversées. Des centaines de civils et de militaires ivoiriens ont trouvé la mort pendant les derniers jours du conflit et au cours de l'assaut final contre le palais présidentiel du président Laurent Gbagbo, à Abidjan, dans une opération conjointe des rebelles, des Casques Bleus, des hélicoptères de l'O.N.U. et de la force française Licorne. Cette intervention militaire de l'O.N.U. ne manque pas de susciter des interrogations quant à ses réels enjeux socio-politiques, économiques et géostratégiques. Nous y reviendrons par la suite.

blanche[127] du néo-colonialisme ? À l'heure actuelle, l'O.N.U., est-ce la concrétisation du projet d'une convergence des aspirations des peuples du monde entier à vivre en paix, à faire également l'expérience du développement économique et techno-scientifique et à s'éduquer mutuellement ? Les Nations-Unies ne sont-elles pas plutôt la scène de marchandages infâmes entre plusieurs grands suspects au Conseil de sécurité ?

Dans la préface à *La pensée politique de Patrice Lumumba*, Sartre répond par l'affirmative : « N'Krumah connut la déception la plus amère : il avait envoyé dès juillet des troupes ghanéennes au Congo sous l'autorité des Nations Unies qui les employèrent, malgré les protestations du Ghana, contre Patrice Lumumba ; l'expérience lui apprit alors que l'O.N.U. n'était pas une organisation impartiale statuant en toute objectivité sur les conflits du Tiers-Monde, mais un système rigoureusement agencé pour défendre partout, en Occident, l'impérialisme, même si les Républiques populaires et les Nations afro-asiatiques y étaient admises[128]. » Qu'est-ce à dire, sinon que Sartre s'attribue le rôle de l'intellectuel nègre en bute au néo-colonialisme et aux impérialismes ? Il travaille à la compréhension politique du sous-développement, de la corruption des autocrates sanguinaires, des conditions

---

[127] Dans un article aux *Temps Modernes*, Jean Ziegler écrit : « L'occupation par les Casques Bleus du Haut-Plateau Katangais, la résistance des troupes sécessionnistes et la violente réaction des chancelleries de Bruxelles et de Londres ne constituent pas des faits isolés. Les événements du Katanga éclairent brutalement – telle la foudre qui tombant sur un toit illumine le paysage entier – tout le problème de l'Afrique sous domination blanche. [...] Mais il y a plus : le chaos congolais est nécessaire au maintien de la domination blanche sur toute l'Afrique au sud de l'Équateur. » Jean Ziegler, « L'armée blanche en Afrique », in *Les Temps Modernes*, n° 203, avril 1963, p. 1847 et 1852.

[128] Jean-Paul Sartre, « La pensée politique de Patrice Lumumba », dans *Situations V*, p. 250.

d'une indépendance économique réelle des pays du Sud et des contradictions que vivent les élites politiques embourgeoisées. La ruse de Sartre, ici, consiste à dénoncer les autorités belges et le *bon Nègre* qu'ils avaient choisi pour assassiner Lumumba, Mobutu Sesse Seko. On sait que lorsque Sartre n'avait pas en estime un individu, il n'aimait pas à prononcer son nom ni à entendre parler de lui. Au besoin, il insultait. Et ce Nègre-ci est la gangrène de sa race ; il ne mérite pas qu'on se donne la peine de prononcer son nom. Sartre le cite trois fois, malgré lui : 1) « Mobutu, ce flic aux ordres des belges, qui prend la tête de la Force publique – c'est-à-dire des bandes armées, sans solde, qui en sont venues à rançonner le passant» ; 2) « Les Belges, les Français, les Anglais, les grandes compagnies et M. H… ont fait assassiner Lumumba par leurs hommes de main, Kasavubu, Mobutu, Tschombé, Munongo – et l'Amérique du Nord, puritaine, a détourné les yeux pour ne pas voir le sang » ; 3) « le minable Mobutu ». Et il en a assez. Traître, assassin, minable. On l'aura compris, il eût préféré ne pas salir sa langue s'il eût été possible de l'indiquer sans le nommer. Comme il le fait d'ailleurs avec le personnage peu recommandable de « M. H… », c'est-à-dire M. Hammarskjöld, le Secrétaire général des Nations-Unies de l'époque. Sous le prétexte d'une petite biographie politique, c'est la sauvagerie coloniale que *La pensée politique de Patrice Lumumba* pourfend. En parlant de l'assassinat de Lumumba, c'est, à revers, la navrante vie de Mobutu qu'il voue aux gémonies.

On sait ce que les puissances occidentales reprochaient à Lumumba : pour les autorités coloniales belges, il achevait de les déshonorer en bafouant le prestige surhumain et magique que procurait le pouvoir sur les masses : Lumumba traînait la terrible respectabilité qu'ils inspiraient aux indigènes dans la boue. Comment/

pourquoi a-t-il osé se rapprocher de son peuple ? Son rôle n'était-il pas de continuer sans heurts un héritage, celui de dire à ses confrères nègres : 1) qu'ils ne sont rien ; 2) qu'ils doivent tout aux « Blancs » ; 3) que leur vie entière doit viser à mériter la faveur que Dieu (un Blanc) fit de les créer, et d'honorer l'Occidental dans leurs rêves, dans la rue, au culte, chez le guérisseur, etc. ; 4) que ce monde-ci et l'au-delà ont été, sont et seront toujours sous le joug des « Blancs » ? On lui avait légué un troupeau de sauvages ; il prétend maintenant en faire un peuple moderne. Les maîtres colons belges sont tout à fait interdits : ses fantasmes panafricanistes (une Afrique politiquement unifiée) ne lui suffisent-ils donc pas ? Quel culot ? La chose était pourtant évidente ; il n'avait qu'à réfléchir un peu. Décidément ces gens sont bizarres…

Nous savons ce que Voltaire dit de l'amitié : les vertueux ont des amis ; les méchants ont des complices. Or, Lumumba, c'est l'*idole des foules*. Interrogeons-nous : lui est-il interdit d'avoir le peuple pour ami ? Doit-il s'assurer de n'avoir que des complices, de l'autre côté de la frontière de l'Océan atlantique ? Or, en tant que la proximité de Lumumba avec son peuple est mal perçue à Bruxelles, représente-t-elle une trahison ? De qui ? Est-elle par ailleurs une menace ? Mais par rapport à quels intérêts ? Les réponses à ces interrogations existent. Elles sont gardées en toute sécurité dans les archives de l'époque coloniale auxquelles le gouvernement belge actuel interdit formellement l'accès[129]. Les développements ultérieurs dans l'histoire du Zaïre (l'actuelle République Démocratique du Congo) montrent en tout cas qu'une complicité de Lumumba avec les

[129] Un article du journaliste Jérémie Detober est assez édifiant à ce sujet : « Archives : l'État belge a-t-il peur de son histoire coloniale ? », disponible au lien http://politique.eu.org/spip.php?article1116.

autorités coloniales lui eût garanti une immunité totale s'il eût massacré les Congolais, comme le fit à de multiples reprises son successeur, Mobutu Sesse Seko. Surtout, il eût bénéficié du soutien des Occidentaux au Conseil de sécurité des Nations-Unies, qui se seraient engagés à ne pas voter une résolution contraignante, c'est-à-dire une ingérence militaire et humanitaire catastrophique visant officiellement à protéger les populations civiles. Cette complicité, donc, lui eût permis de diriger sans scrupule son troupeau de bêtes martyrisées et damnées. D'où cette interrogation : pour préserver sa vie, un dirigeant du Sud devait-il haïr les siens, suivant les décrets ignobles qu'entretient l'idéologie moyenâgeuse des Autres ?

Les autocrates nègres qui nous dirigent

La situation de Lumumba, lorsqu'il accède au pouvoir, est identique à celle de tous les chefs d'États d'Afrique noire. Il y a un choix cornélien : servir son peuple avec intégrité, ce qui compromet alors sa vie et celle de ses proches, à cause du mauvais sort que ne manqueront pas de lui lancer des « Blancs » tapis dans l'ombre, ou bien travailler à faire des cyclones de milliards au profit des multinationales et de l'élite politique occidentale, ce qui, d'office, a le mérite de le disposer à la corruption, à la criminalité, à l'indignité et, quand même, à une légitimité internationale parfaite. Les autocrates africains, qui se recrutent parmi les élites indigènes, vivent ces contradictions. Leur cas est particulier et les effets de leurs contradictions sont multipliés, parce qu'ils sont l'interlocuteur privilégié des colons. Aussi, pour les comprendre, l'intellectuel ressent d'abord la nécessité de marquer les contours de leur drame personnel. Or, il se rend à l'évidence que ceux-ci s'efforcent en permanence de voiler les motifs réels de leur concupiscence et de leur décalage par rapport aux masses. Il réalise qu'à travers les kermesses où ils fêtent l'indépendance nationale et les grandes mises en scène publiques, ces dirigeants tentent de convaincre de l'impossibilité d'une alternative à leur règne anachronique. À travers des discours creux et redondants, ils veulent convaincre de leur indépendance de corps et d'esprit. Mais ils reconnaissent en même temps, en privé, que tout ne dépend pas d'eux. En fait, ils savent qu'ils sont suivis et que les jeux sont faits.

Aussi ces autocrates eux-mêmes ne prévoient-ils pas l'indépendance économique de leur vivant. Pour eux, la notion de *révolution* ne signifie quelque chose que lorsqu'elle est utilisée comme un slogan électoraliste, pour faire rêver les masses. L'intellectuel montre justement qu'il y a un regard qui leur dicte les syllabes qu'ils mettent en ordre sous la forme d'un discours à la nation. Il marquera avec pertinence à quoi concourent tous les efforts des présidents nègres corrompus en vue de convaincre de leur statut autoproclamé de guides naturels de son peuple. En fait, leurs discours tièdes traduisent autre chose : ces autocrates implorent de l'aide en semant la confusion dans les esprits de leurs compatriotes. Au travers d'une profusion de sentiments, ils veulent se confier au peuple et butent cependant contre leur langue inerte d'un indicible péché : pour établir leur autorité, ils se sont compromis avec l'impérialisme *qui leur donne en retour la gérance du pays.* C'est ce dénuement et cette déréliction politique des dirigeants inféodés qui rassurent les impérialistes au plus haut point.

L'un de ces dirigeants dit : « Mes très chers compatriotes… » Mais n'y faisons pas attention. C'est un lapsus. Il y a plus. Il pourrait dire : « Au Cameroun, pendant l'hiver… » Cet autre lapsus ne saurait être le signe de la sénilité ; ce serait une insulte. Il traduit plutôt son dépaysement. Doit-on lui contester le droit de rentrer chez soi, en Europe ? Ce serait une violation des droits de l'homme. Or, on tient au respect de ceux-ci. Rassurons-le :

nous lui reconnaissons le droit de rentrer chez ses « frères ». Car son lapsus et « sa corruption » sont en même temps sa dénonciation et sa fuite, une fuite labiale dans son monde européen, où il vit d'ailleurs la plupart de son temps. C'est ainsi que lorsqu'il est en Afrique, ce dirigeant fréquente son palais présidentiel comme un sorcier qui se débarrasse de son corps à la faveur des ténèbres, suivant l'imaginaire populaire. Il n'aspire qu'à intégrer magiquement le « chez lui », en Suisse par exemple. Mais son rôle le retient sur place : la comédie ne prendra fin qu'avec la mort. Est-il pour autant plaisant de porter éternellement des masques et de devoir mourir au pouvoir, condamné à l'autodérision ? Ce dirigeant rechigne à pousser plus avant cette sorte de réflexivité compromettante.

Il s'est trouvé un temps où il faisait mouche, rentrait et parlait en ses concitoyens comme un démon. Un pouvoir illégitime et inféodé affirme en substance, comme le monomane de Samuel Beckett : « je dis je en sachant que ce n'est pas moi ». Mais ces formalités labiales entretiennent une double fonction ; c'est un sursis à ce regard mi-proche mi-lointain qui le foudroie et, par ailleurs, une sollicitation de la compréhension de son peuple, qui ne peut comprendre. Ne pouvant se défaire de son identité africaine surnuméraire, le prince « vendu » se distrait en s'adressant prioritairement à ce regard caché. En théorie, c'est-à-dire dans ses discours, qu'il n'écrit pas et auxquels il ne croit pas lui-même, il exhorte ses sujets à redoubler d'effort pour sortir de la pauvreté ; mais, en pratique, il supplie qu'on lui pardonne : les chers compatriotes doivent comprendre que la conjoncture en impose par son caractère transfrontalier. Autrement dit, il n'a pas le choix. Imaginent-ils ce qui arriverait s'il s'aventurait à toucher aux investissements étrangers ? Mais que ne peut-il le leur avouer ?

Car tout démontre qu'il se trahit : sa mégalomanie, son règne ubuesque, ses frasques, son extravagance, son cynisme. Tout en lui manifeste un contraste avec les usages et les aspirations locales. Compte-t-il sur les collégiens et sur les universitaires pour qu'ils l'expliquent à leurs parents ? En ce sens, il voudrait que l'intellectuel nègre serve son pays en la personne du souverain, c'est-à-dire qu'il travaille à légitimer son pouvoir. Dans l'imaginaire du prince corrompu, toute critique politique à rebrousse-poil de son autorité par un intellectuel récalcitrant, dans la mesure où elle le démasquerait, « trahirait » la confiance que la nation a placée en lui en l'instruisant. Et le prince estime devoir en tenir compte ; il devra sévir si le contrat n'est pas rempli, si cet intellectuel ambitionne de ne pas œuvrer *à la concorde civile et à l'unité nationale.* Tout discours subversif serait alors considéré comme une haute trahison.

Or, lorsqu'on sait que la critique de l'espace publique est la condition même de la pensée politique, on comprend pourquoi l'intellectuel se trouve d'office dans la ligne de mire du pouvoir politique. Il vit en permanence un sursis. Et c'est en cela que consiste néanmoins sa liberté. Tenter de comprendre le langage enténébré du pouvoir, c'est-à-dire ses non-dits, telle est la tâche ardue qui structure son vécu et lui donne son sens. Il pourrait être assimilé à l'idéologue du développement humain, entendu non pas en termes de moralisation, mais dans le sens d'une actualisation de tout le potentiel humain de tout citoyen. Ce serait une sorte d'exorcisme anthropologique des politiques. Car, il se refuse à être le croque-mort des fantasmes de l'autocrate sanguinaire. Il dit qu'il n'est pas condamné à veiller sur le monde affadi de ses illusions serviles.

De la corruption des « pays pauvres et très endettés »

Dans ces conditions, en Afrique, la pensée politique devra se constituer comme la mauvaise conscience des corrompus. En matière de corruption notamment, le philosophe ne se satisfera pas d'identifier et d'exposer simplement des comportements de corruption. L'interrogation requise se formule plutôt ainsi : comment choisit-on d'être corrompu ? Comment/pourquoi un pouvoir conspire-t-il contre son propre peuple ? Comment un dirigeant en place accepte-t-il de se constituer en sous-homme, de se nier au point de boire du sang humain comme si l'on sirotait un élixir exotique[130] ? En effet, il convient de s'interroger sur les mécanismes de reproduction de la corruption des élites politiques, non pas en général, mais dans un monde dominé par le néo-colonialisme. Une telle réflexion aurait pour objet une dénonciation compréhensive de celle-ci et nous la révèlerait comme tâche existentielle prioritaire.

La corruption serait davantage le fait du corps exigeant de l'esprit le respect de ses droits. Cela veut dire que la corruption n'est pas le développement en l'homme d'une disposition innée en lui ; elle représente, au contraire, la réponse d'un acteur historique donné, en tant qu'il fait l'expérience de ses responsabilités civiques et citoyennes. Or, pour obéir aux lois, il faut la contrainte du droit. Par voie de conséquence, un fonctionnaire corrompu exige de toutes ses forces d'intégrer la volonté générale que sa main indiscrète et sa vue obscurcie par l'égocentrisme ne distingue plus clairement. Cependant, sa corruption ne le constitue guère comme un inhumain : il est celui qui, comme n'importe qui, peut être tenté de profiter d'un

[130] Il est avéré que le président Mobutu Sesse Seko, président de l'ex-Zaïre, se désaltérait souvent du sang de ses victimes, pour, croyait-il, renforcer son énergie vitale. Voir à ce sujet le documentaire « Mobutu roi du Zaïre », réalisé par Thierry Michel.

dysfonctionnement anomique, sans y être cependant destiné de par la naissance. La corruption est une expérience existentielle spécifique : c'est une transition au travers de laquelle la loi menace de reprendre les devants ; c'est la norme qui, par une sorte de ruse, se manifeste et s'impose irréellement comme une présence manquante.

Aussi est-il impropre de qualifier un État d'entité corrompue. Car un pays ne peut l'être en soi, seuls peuvent l'être des individualités en son sein, lobbies ou groupes de pression divers ou des individus qui la constituent. Une corruption financière généralisée dans un État donné ne traduit rien de moins que le niveau pré-moderne de son évolution sociale et politique. Or, dans les États modernes industrialisés, la corruption est autant nécessaire que redoutée. En effet, aussi longtemps qu'elle permet de gagner des marchés surévalués dans la périphérie du monde industrialisé, les multinationales, qui ont les grandes capitales d'Europe et d'Amérique pour sièges, vont y recourir sans sourcilier. Mais sitôt qu'un des citoyens ordinaires de cet *Empire de la honte* s'y égare, le fait est présenté avec la publicité nécessaire pour en faire une rare exception sociale et ce dernier est sanctionné en conséquence. La corruption est donc en même temps un besoin quasi vital chez certains et une obstruction existentielle pour d'autres. C'est d'ailleurs la leçon à retenir : le développement multisectoriel de l'Afrique et sa démocratisation passent par un processus de modernisation de l'espace socio-politique des États. Ceci implique un développement économique conséquent ainsi qu'une industrialisation avérée. Car un pays non industrialisé ou encore « pauvre et très endetté », est une tentation et une proie. Comment pourrait-il s'allier à un autre État autrement que sous le rapport de la soumission ou de l'obstruction ? Et, puisqu'il est inapte à défendre ses propres citoyens, il est également très susceptible de tomber sous une domination étrangère.

Suivant cette approche, une meilleure compréhension du capitalisme s'impose. Il est avant tout une attitude face à autrui, dans un monde complexe. Le capitalisme crée une autre culture, d'autres modalités de relations interindividuelles : il n'est ni la contre-culture, ni la non-culture, encore moins l'anti-culture. Surtout, c'est la possibilité de produire et de consommer à satiété et, paradoxalement, le pouvoir de soustraire à plusieurs le loisir d'expérimenter l'omnipotence démiurgique de l'argent. Cette capacité de conquérir, couplée avec la volonté de priver autrui, de mauvaise foi, de la possibilité de jouir des biens industriels, sont équitablement constitutives de la dynamique capitaliste, et l'on ne peut privilégier le *recto* au détriment du *verso*. En tant qu'il est sous-tendu par la techno-science, le capitalisme est la violence inhibée dans l'action dissuasive de soumettre et d'impressionner. Il s'agit d'abord de *se voir*. C'est pourquoi, au niveau international, les grandes puissances capitalistes n'ont plus besoin de se comprendre à travers le bruit des armes ; elles s'impressionnent réciproquement par l'excellence du raffinement des moyens d'exterminer l'autre : telle est la nature de la palabre moderne. D'où la transparente apparente du système – Internet, l'O.N.U. et ses organes de vérification et d'inspection des droits de l'homme et du nucléaire, le recours au démenti ou à l'espionnage, etc. C'est ce qui justifie que désormais, pour les Grandes Puissances, il suffira de suspecter qu'un dirigeant du Sud s'oppose au système mondial d'exploitation et de domination pour sévir sans pitié. Elles se chargent de l'identifier, de créer des massacres imaginaires ou d'amplifier la portée de crimes réels que celui-ci aurait commis. La Cour pénale internationale fera le reste ; elle se chargera de punir ses prétentions révolutionnaires.

Le viol idéologique : Israéliens et Palestiniens construisent leur mur

La tâche idéologique d'automystification et d'aliénation de soi du sous-homme consiste en sa revendication quotidienne du sous-développement comme la condition de sa survie. L'unique tâche économique valable, dans ce cas, revient à détruire le corps pour la production des biens dont il ne peut bénéficier, voire pour des produits qui assurent ouvertement sa ségrégation et sa stagnation. Aujourd'hui, l'une des illustrations les plus saisissantes de cet état de choses se passe en Israël : c'est l'utilisation des Arabes palestiniens dans le secteur de la construction. Ils quittent la Cisjordanie et sont employés par des sociétés israéliennes à la construction du grand mur qui permet à l'État israélien non seulement de se protéger des attaques contre les militants du Hamas, mais aussi d'annexer de fait une grande partie des terres du futur État palestinien. Remarquons que le recrutement de ces Palestiniens n'est pas seulement un enjeu économique, à savoir la nécessité de parer à l'absence de main-d'œuvre israélienne ; il a aussi un enjeu politique : en construisant ce mur de leurs propres mains, ces Palestiniens se compromettent irrémédiablement ; ils travaillent à s'humilier.

Rien n'indique cependant que l'ouvrier palestinien l'appréhende comme tel, encore moins l'entrepreneur qui l'emploie ou ses collègues israéliens qui croulent, comme lui, sous un soleil torride et sous la menace démoralisante d'un attentat des Brigades des martyrs d'Al-Aqsa. Les conciliabules des Puissants ne les assignent-ils pas à la même enseigne ? Ne sont-ils pas tous des acteurs qu'on sacrifie en permanence pour assurer la suprématie d'Israël au Moyen-Orient, c'est-à-dire pour s'assurer que les monarchies pétrolières dépendent de fait d'un seul maître, de telle sorte qu'ils pensent par deux fois lorsqu'elles croient avoir la liberté de fixer les prix de l'or noir ? En montant de leurs mains cette forteresse, les ouvriers palestiniens se consignent de fait à une lente agonie rythmée par moment d'un éclair de génie malsain, lorsque l'un d'eux réussit à fabriquer une roquette Katioucha, dont le lancement sur le territoire israélien provoquera « logiquement » des représailles qui viennent, « heureusement », éteindre la flamme des errements de son intelligence de damné. Car, comment pourraient-ils revendiquer leurs droits d'avoir leur terre, s'ils ont contribué eux-mêmes au processus de son annexion ? Qu'est-ce à dire, sinon que la loi du fait accompli qu'on leur réserve scelle le sort de leurs droits légitimes ? Ainsi donc, lorsqu'ils croient travailler uniquement pour pouvoir se nourrir, à cause de leur activité sacrilège, ils obstruent dans le même temps leur horizon historique, car un peuple sans terre est un peuple condamné à une errance perpétuelle. Il n'y a pas mieux que le peuple juif pour témoigner des humiliations dont cette situation est assortie : ils en ont fait l'expérience durant des siècles, jusqu'à la décision de l'ONU, du 14 mai 1948, qui leur octroya enfin un État souverain.

Or, en construisant cette frontière, les Palestiniens réduisent la portée de leur revendication. Mieux, ils se rendent ridicules. Et le système ne vise que cela : il faut humilier les sous-hommes. D'ailleurs, dans l'imaginaire d'un colon raciste des « Territoires occupés », le Palestinien qui remue du ciment pour cimenter sa perte n'est pas meilleur que le ver de terre, qui vit de manger son domaine, la terre battue. Or cet ouvrier Palestinien, dont le peuple ne vit que de l'espoir d'avoir un sol, se compromet dans le ciment qu'il malaxe adroitement. À la fin, sa liberté choit dans cette barbotine remuante et se/le condamne définitivement à travers ce rempart qu'il aide les Israéliens à construire pour se mettre à l'abri des attaques de ses frères de Gaza. De fait, par leur activité commune quotidienne de construction du mur-frontière et malgré le fait que pour la plupart ces manœuvres et maçons israéliens et palestiniens souhaitent éradiquer la peste de la haine, ils aident néanmoins les faucons israéliens à se prémunir de l'agressivité prévisible des revendications foncières. Par leur adresse au travail, ces ouvriers consolident avec maestria la résistance des autorités israéliennes dans les négociations de paix avec l'Autorité palestinienne. C'est ainsi que le sentiment de sécurité permanente que les Israéliens ressentent fortifie leur volonté de ne rien céder.

Pour leur part, le manœuvre et le maçon palestiniens, en travaillant à l'édification de cette forteresse, montrent à la face du monde leur dénuement et les contradictions qui sont les leurs : comment revendiquer et faire le poids avec les Israéliens, si les rapports de force sont si disproportionnés ? La truelle qu'ils manient avec habileté, c'est l'instrument qui les dénude et leur ferme définitivement la bouche. Comment peuvent-ils prétendre parler par la suite ? Un homme nu et sensé peut-il parler avec sérénité devant une assemblée de gens habillés ? Et si, par miracle, ces victimes retrouvaient la parole, à l'O.N.U. notamment, que diraient-elles ? On sait que l'O.N.U., c'est un tombeau ; tout y peut entrer, les hommes tout comme les sous-hommes. L'O.N.U., c'est surtout la chance qu'ont les victimes qui, désespérant de leur avenir dans ce bas-monde, peuvent exhiber leur nudité déroutante dans ce haut-lieu de la civilisation humaine et se faire abattre le lendemain à cause de cette déraisonnable effronterie[131].

---

[131] Ce fut par exemple le cas du leader nationaliste Ruben Um Nyobe, qui mena la guerre d'indépendance du Cameroun. En septembre 1958, il sera décapité et son cadavre sera traîné par terre par l'armée française après son double passage « impertinent » à l'ONU, où il dénonça les crimes de la France au Cameroun et exigea l'indépendance de son pays.

Chapitre V
La monocratie occidentale

Celui qui s'est juré d'exercer son intelligence ne s'arrête pas au matraquage médiatique pour juger un événement ; il évite autant que possible de considérer les conséquences aussi longtemps qu'il n'aura pas rassemblé suffisamment d'indices et de prémisses pour formuler une solide opinion ; surtout, il suspecte quelque chose de « louche » lorsque les Grandes Puissances de ce monde se liguent contre un leader du Tiers-Monde. Il sait généralement ce que leur silence signifie : ils pillent en paix. Or, si les bourreaux des peuples s'agitent et appellent à témoin, c'est qu'ils rencontrent provisoirement de petites entraves à leur voracité anthropophage. S'ils s'indignent sans émotion perceptible de la misère dans laquelle un dirigeant donné maintient son peuple, s'ils s'offusquent de manière caricaturale des dérives liberticides d'un régime, s'ils se souviennent soudain, avec un empressement partagé par eux seuls, de l'incapacité d'un pouvoir à contribuer à la lutte contre le terrorisme, s'ils se rendent subitement compte qu'un dirigeant du Sud est populaire parmi ses masses et dénoncent l'exploitation des multinationales, s'ils évoquent enfin le respect des droits de l'homme, il faut savoir que le développement des pays non industrialisés, la promotion de la paix mondiale, la construction de sociétés démocratiques et le respect des droits des citoyens courent vers de mortels dangers. En fait, c'est lorsqu'ils donnent des leçons de morale publique et montrent des gages de bonne volonté et d'altruisme désintéressé qu'ils sont le plus venimeux.

I. Le cas Laurent Gbagbo

Aussi l'intellectuel révolutionnaire s'abstient-il de leur accorder le bénéfice du doute : il sait par expérience que lorsqu'un Grand feint de crier, il veut frapper très dur et prépare l'opinion publique à entériner par avance ses répugnants massacres à venir. Plus simplement, le critique de l'actualité internationale s'informe des causes dans chaque conjoncture où l'avenir des sous-hommes est engagé. Or, quelles sont-elles, dans le cas de la Côte d'Ivoire ? Lorsque les Grandes Puissances se coalisent pour faire partir Laurent Gbagbo, il s'interroge : souffrit-il à juste titre de la sévérité de la loi, à cause des crimes qu'il aurait commis ou laissé commettre ? Ou, à l'inverse, aurait-il le visage tuméfié d'avoir, comme un mauvais amateur de miel, donné un coup de pied imprudent dans la ruche françafricaine[132] du franc CFA[133] ?

---

[132] Notion lugubre et insaisissable, la Françafrique a probablement été créée par le premier président ivoirien, Félix Houphouët Boigny, pour mieux marquer sa docilité à de Gaulle. Plus exactement, ce mot traduit tout le mal que les divers gouvernements français, depuis la Seconde Guerre, ont fait subir aux peuples négro-africains. C'est le lieu et le moyen de toutes sortes de dénis du droit international et de l'autonomie des peuples africains à disposer d'eux-mêmes ; c'est où l'on démet ou assassine les dirigeants africains récalcitrants. C'est là où les assassins économiques français inventent les nouveaux moyens pour entretenir la corruption et des autocraties sanguinaires en Afrique, pour le bonheur de la France libre. Éric Toussaint note : « "Pour être grande, la France a besoin des pieds du colosse africain", disait De Gaulle. Depuis, chaque président a auprès de lui une cellule africaine qu'il est seul à contrôler. De Gaulle et son conseiller spécial aux affaires africaines, Jacques Foccart, vont asseoir l'influence française sur un système clientéliste unique au monde, basé sur des liens personnels inextricables entre dirigeants français et africains. » (Éric Toussaint, « La cellule africaine de l'Élysée », dans Éric Toussaint et Arnaud Zacharie (éd.), *Abolir la dette pour libérer*

Rappelons au départ les événements marquants de l'histoire de ce pays. Lorsqu'il accède à l'indépendance, en 1960, il a à sa tête un ex-député du Palais Bourbon, qui s'est opposé à l'Unité africaine que promouvaient Kwamé N'Krumah, Patrice Lumumba, Sékou Touré, etc. Avec son

---

le développement, Bruxelles, CADTM, 2001, p. 64). Éric Toussaint distingue deux réseaux qui structurent la Françafrique : le réseau Jacques Foccart, qui s'appuyait sur la DGSE, a servi sous les présidences de de Gaulle et de Jacques Chirac, un ami de trente ans de Mobutu, le *bon Nègre* que les Belges avaient utilisé pour assassiner Patrice Lumumba (nous y reviendrons) ; le réseau Charles Pasqua, qui s'appuyait sur la DST, a servi sous la présidence de François Mitterrand. Ajoutons le réseau Robert Bourgi, qui a aussi servi le président Jacques Chirac et continue de servir le locataire actuel de l'Élysée, Nicolas Sarkozy.

[133] La Communauté Financière Africaine (CFA) réunit trois banques centrales : la BCEAO (Banque centrale des États de l'Afrique de l'Ouest), composée du Niger, du Togo, du Sénégal, du Mali, du Benin, du Burkina Faso et de la Côte d'Ivoire) ; la BEAC (Banque des États de l'Afrique centrale), regroupant le Cameroun, la Centrafrique, le Congo, le Gabon, la Guinée équatoriale et le Tchad) et la BCC (Banque centrale des Comores), qui dirige la politique monétaire de la République fédérale islamique des Comores. Le franc CFA est une monnaie coloniale dont Paris seule détermine la convertibilité avec l'ancien franc français ou avec l'euro actuel. Les mécanismes de paupérisation systématique des ex-colonies par les gouvernements français successifs à travers le franc CFA sont remarquablement mis en évidence par Arnaud Zacharie lorsqu'il écrit : « Entre 1986 et 1991, les cours des matières premières ont beau chuter inlassablement, la zone CFA verse 65% de ses avoirs au Trésor français. Un mécanisme cynique se met alors en route : "Au moment où les recettes d'exportation garnissent les caisses de l'État français, les Africains souffrent des affres du sous-développement et excellent dans la mendicité de l'aide financière internationale généreusement octroyée par la France en puissant dans leurs avoirs extérieurs déposés en compte d'opérations ouverts à Paris" ». Arnaud Zacharie, « Franc CFA et néocolonialisme monétaire », dans Éric Toussaint et Arnaud Zacharie (éd.), *Abolir la dette pour libérer le développement*, Bruxelles, CADTM, 2001, p. 96.) L'hypothèque que cette monnaie, contrôlée par le Trésor français, fait peser sur certaines économies africaines est donc manifeste. Laurent Gbagbo avait entrepris de sortir de cette zone monétaire pour permettre un véritable développement économique de la Côte d'Ivoire.

collègue, le député français-sénégalais Léopold Sédar Senghor, il a torpillé toutes les initiatives qui visaient à faire du continent africain une entité homogène capable de défendre efficacement les intérêts, les aspirations des peuples africains ainsi que l'unité du continent tout entier. Ils se présentaient tous deux comme des Nègres francisés. Aussi, pour eux, « l'unité, c'est la guerre ». Or, fait-on la guerre à ses frères ? Les colons ne sont-ils pas de la même race que les autocrates nègres ? Alors que N'Krumah préfère *l'autonomie dans le risque, à la servitude dans la sécurité*, Houphouët-Boigny ne veut surtout pas prendre de risques dans sa politique de collaboration avec la puissance colonisatrice. D'ailleurs, prétexte-t-il, l'armée n'a pas les moyens nécessaires à la défense du territoire : il faut compter sur les colonisateurs pour faire face aux agressions intérieures et extérieures éventuelles. D'où la mise en œuvre des Accords de défense entre la France et ses ex-colonies, qui ont fait tant de dégâts en Afrique et constituent une sorte d'onction légale aux basses besogne de la Françafrique.

Houphouët-Boigny confie donc la sécurité et la gestion de son pays à la France : tous les secteurs clés de l'économie sont abandonnés aux sociétés françaises ; le palais présidentiel est une propriété de la France, qui le loue aux autorités locales ; l'intendance du palais présidentiel est assurée par un citoyen français (blanc de peau) depuis l'accession de la Côte d'Ivoire à l'indépendance. F. Houphouët-Boigny ne manque pas de faire preuve de cynisme et d'une cruauté exemplaire tout au long de règne. D'abord son imaginaire. Il est fait de brutales abjections : « Les complots de 1963-1964 représentent sans conteste le temps fort de l'instauration du système houphouétien. Le raffinement et le sadisme, dont Houphouët-Boigny fait preuve, sont si stupéfiants que certains observateurs croient en une crise de folie furieuse que l'homme a connue. On l'a vu, il n'en est rien. C'est simplement pour « tuer à jamais… toute velléité » de contester son pouvoir qu'il procède ainsi, donnant à l'occasion libre cours à ses penchants naturels d'homme « très méchant et très violent ». […] C'est le côté jardin de l'homme. Un jardin irrigué de trahisons, de machinations cyniques, machiavéliques et cruelles, d'abjections brutales inexpliquées[134]. »

Ensuite, les éclats humains de ses actions : « Lui, le constructeur de la prison de d'État d'Assabou en 1963, a ordonné la répression au Sanwi qui a fait 2500 victimes, a fait raser, en 1970 des villages entiers, et enterrer 4000 morts dans des fosses communes dans le Guébié et a limogé en 1959 Jean-Baptiste Mockey sur simple dénonciation de complot mystico-fétichiste. Il ne se gêne guère pour déclarer que les mots de prison et soldat n'existent point dans les langues africaines, et fustige ses pairs qui limogent leurs cadres pour suspicion d'actions mystico-fétichistes[135]. » Le double langage, l'hypocrisie et la duplicité infecte qui caractérisent l'attitude de F. Houphouët-Boigny, selon le médecin ivoirien, le Professeur Samba Diarra, sont assez proches des travers que nous dénoncions plus haut sous la catégorie de l'humanisme abstrait. Se pourrait-il que le premier président ivoirien ait initié de le tropicaliser ? En tout cas, son exemple et celui de Senghor sont vantés à travers le monde entier par les gouvernements français successifs. Ces deux Nègres seraient les représentants les plus méritants et les plus « légitimes » de la race noire. On souffre inévitablement d'un torticolis épouvantable lorsqu'on essaie de sonder la nature exacte des expressions de « mérite » et de « légitime » qu'ils emploient : le cou se

---

[134] Samba Diarra, *Les faux complots d'Houphouët-Boigny. La fracture dans le destin d'une nation*, Paris, Karthala, 1997, p. 228-229.
[135] *Ibidem*, p. 232-233.

trouve coincé, à force d'admirer la bouche française qui décrète ainsi les sots décrets qui consacrent le néo-colonialisme et l'impérialisme.

L'impérialisme et ses antennes locales

C'est que l'impérialisme occidental affectionne les dirigeants nègres tels que Félix Houphouët Boigny. Leur indignité est espérée, entretenue, récompensée et utilisée comme une arme idéologique pour justifier la surexploitation des richesses des sous-hommes et les maintenir dans la détresse et la misère la plus noire. Ces dirigeants nègres indignes, corrompus, concussionnaires et concupiscents, sont un argument de poids : on pourra toujours justifier le marasme économique du continent africain par l'incapacité congénitale des sous-hommes qui y habitent à gérer leurs affaires. D'où le « prix Houphouët-Boigny de l'UNESCO pour la paix dans l'esprit des hommes ». Si l'on remplace le mot « homme » par celui de « sous-homme », on voit parfaitement l'enjeu inavoué de ce prix : il faut imposer la bêtise ; il faut rentabiliser l'aliénation – par eux – des Nègres à la fois intelligents et crédules, c'est-à-dire de ceux parmi les Nègres scolarisés en Occident qui *croient en leur indignité* comme une sorte de norme dont ils ne devraient nullement s'écarter.

Le discours néo-colonial ambiant veut nous faire accroire que le Président Houphouët Boigny fut un homme de dialogue, épris d'amour et de paix, qui dédaignait les injustices et ne travaillait assidûment qu'à lutter contre la pauvreté dans son pays. Ne dit-il pas lui-même « humaniste » ? Avec une étonnante et suspecte lucidité, il déclare : « Tout est amour en moi… Mon petit cœur est si plein d'amour, qu'il ne peut y avoir de place pour la haine… Je n'ai jamais versé de sang humain[136]. » C'est ce qui fait que son obsession primaire et meurtrière à vouloir

[136] *Ibidem*, p. 230. L'auteur cite F. Houphouët-Boigny.

s'ériger en leader (en termes de pouvoir et de fortune) du continent noir, par le crime et tous les moyens et coups tordus possibles, est vite camouflée sous les parements d'un dialogue des cultures (imaginaire) qu'il aurait contribué à renforcer. Pour nous faire avaler cette amère pilule, on nous présente ses grandes réalisations : la loi sur la suppression du travail forcé, la création du Rassemblement Démocratique Africain (RDA), la loi-cadre, la Communauté franco-africaine, etc. Mais nous objectons : la Métropole avait-elle le choix ? Les Français avaient-ils les moyens militaires, économiques et psychologiques pour maintenir la colonisation ? Il y a plus : nous faisons remarquer qu'alors que son pays est en banqueroute et alors que la pauvreté et la malnutrition faisaient des ravages parmi les Ivoiriens, l'« humaniste » Houphouët-Boigny fait construire l'unique réplique au monde de la basilique Saint-Pierre de Rome. Elle a coûté la bagatelle de 90 milliards de francs CFA, soit plus de 138 millions d'euros.

L'intellectuel révolutionnaire et le parricide imaginaire

Ces longs développements sur Félix Houphouët-Boigny[137] s'expliquent dans la mesure où ses deux principaux disciples sont Henri Konan Bédié et Alassane Dramane Ouattara. L'unique opposant qui osa le défier, au prix de plusieurs emprisonnements, de multiples bastonnades et brimades, c'est Laurent Gbagbo, réputé proche des socialistes français. Par rapport à la crise post-électorale de 2010 qui nous préoccupe, de telles remarques ne devraient point conduire à avilir la personnalité respective des deux premiers ni contribuer à dédouaner le

---

[137] Ce n'est pas tout : ce monsieur a apporté un soutien indéfectible aux dirigeants africains qui font la honte des Nègres : Moïse Tschombé, Odemuku Ozuku, Jean Bedel Bokassa, Mobutu Sesse Seko, Charles Taylor, Jonas Savimbi, Blaise Compaoré, etc. Même Pieter Botha, le criminel sud-africain de l'apartheid, faisait partie de ses amis.

dernier. On peut falsifier les faits, troubler les mémoires, mais on ne refait pas l'Histoire. Or, précisément, lorsque Houphouët-Boigny meurt, il laisse au pouvoir son dauphin, Bédié, qui s'illustrera à de nombreuses occasions par un état d'ébriété avancé[138]. Il sera renversé le 24 décembre 1999 par un général à la retraite, Robert Gueï, venu pour « balayer la maison », selon ses premières déclarations. En octobre 2000, celui-ci organise des élections présidentielles qu'il perd. Une première en Afrique : un président putschiste est « battu » démocratiquement. Un autre président est démocratiquement élu : c'est Laurent Gbagbo. Dans ses écrits politiques[139], ce docteur en histoire fustigeait déjà la politique française en Afrique. Maintenant qu'il a accédé au pouvoir, il est confiant : « Moi, je veux sortir la Côte d'Ivoire du trou[140]. » Quel optimisme ! Il ne sait pas ce qui l'attend. Il commence par dénoncer l'ex-puissance coloniale, la France, suivant ses triples convictions socialistes, patriotiques et panafricanistes ; il l'accuse de pillage des ressources naturelles du pays. C'est ainsi qu'il annonce avec indignation, à la face du monde, que le premier président, Félix Houphouët-Boigny, en *bon Nègre*, c'est-à-dire, dans ce cas, en laquais du système néocolonial français, avait cautionné la construction d'un tunnel entre l'ambassade de France et le palais

---

[138] Le journaliste Vladimir Cagnolari écrit : « M. Bédié n'a gardé de son mentor que l'assise ethnique : sans charisme, il fut sans doute l'un des présidents les plus unanimement détestés de Côte d'Ivoire. À la fin de son règne, on l'appelait ironiquement *n'zueba* (l'ivrogne). » (Vladimir Cagnolari, « Côte d'Ivoire, les héritiers maudits de Félix Houphouët-Boigny », dans *Le Monde diplomatique*, n° 682, janvier 2011, p. 15.

[139] Entre autres, Laurent Gbagbo, *Côte d'Ivoire : agir pour les libertés*, Paris, L'Harmattan, 1991 et Laurent Gbagbo, *Pour une alternative démocratique*, Paris, L'Harmattan, 2004.

[140] Laurent Gbagbo, cité dans Marc Le Pape et Claudine Vidal (éd.), *Côte d'Ivoire. L'année terrible 1999-2000*, Paris, Karthala, 2002, p. 41.

présidentiel, pour recevoir les instructions de l'Élysée avec davantage de célérité.

Sur ces entrefaites, une tentative de coup d'État est perpétrée par des rebelles venus du Burkina Faso, pays qui a pour dirigeant Blaise Compaoré, qu'on accuse d'avoir assassiné Thomas Sankara, l'équivalent de Patrice Lumumba en Haute-Volta (ancien nom du Burkina Faso). Le coup d'État de 2002 contre le Président L. Gbagbo ayant échoué, la rébellion s'empare néanmoins de la partie nord du pays. La « Communauté internationale », c'est-à-dire, dans le cas de la Côte d'Ivoire, les grandes multinationales qui ont le monopole du chocolat (le pays est le premier exportateur du cacao au monde), appuyées par l'O.N.U. et ceux des dirigeants des pays industrialisés dont les dignitaires africains financent les campagnes[141], contraignent le président démocratiquement élu de sacrifier ses pouvoirs aux rebelles

---

[141] Récemment, une enquête a été ouverte, au parquet de Paris, après les retentissantes accusations de l'ex-conseiller officieux de l'Elysée Robert Bourgi. En effet, dans une interview au *Journal Du Dimanche* (JDD) du 11 septembre 2011, l'avocat français, Robert Bourgi, l'un des responsables actuels des réseaux de la Françafrique, avait expliqué avoir recueilli à plusieurs reprises des fonds de cinq chefs d'Etat africains : Abdoulaye Wade (Sénégal), Blaise Compaoré (Burkina Faso), Laurent Gbagbo (Côte d'Ivoire), Denis Sassou Nguesso (Congo-Brazzaville) et Omar Bongo (Gabon) en faveur de Jacques Chirac et de Dominique de Villepin. Il affirmait que Nicolas Sarkozy avait mis un terme à ces pratiques. Mais dans l'ouvrage de Pierre Péan, *La République des mallettes*, l'ancien « M. Afrique » de Jacques Chirac, le diplomate Michel de Bonnecorse, accuse M. Bourgi d'avoir remis en 2006 une valise avec de l'argent d'Omar Bongo et de Denis Sassou Nguesso « aux pieds du ministre de l'Intérieur » de l'époque, Nicolas Sarkozy. Le parquet de Paris a depuis classé le dossier sans suite, non seulement à cause du manque de preuves qui auraient pu motiver des investigations, mais aussi parce que, à supposer que les remises de fonds soient avérées, en raison de la période visée (1997-2005), l'infraction serait prescrite. Au point qu'on se demanderait même s'il pourrait jamais y avoir de preuves. En aurait-on par hasard, qu'est-ce que cela prouverait ? Qu'un pays riche, comme la France, s'acharne à piller l'Afrique ? Des balivernes…

pour faire la paix. Ceux-ci obtiennent le Premier ministère et plusieurs portefeuilles ministériels, mais refusent néanmoins de désarmer. Malgré tout, la communauté internationale contraint L. Gbagbo, par la menace de sanctions, d'organiser les élections dans ces conditions. Celui-ci s'exécute. Manifestement, les Grandes Puissances et les lobbies du beurre de cacao et du pétrole (on vient de mettre en exergue d'importants quantités d'or noir dans le Golfe de Guinée, où se situe la Côte d'Ivoire) savaient où ils allaient. Les élections ont lieu avec plusieurs fraudes au Nord du pays. Entre-temps, on favorise le rapprochement entre l'héritier de Félix Houphouët-Boigny, Henri Conan Bédié[142], et l'ancien Vice-président du Fond Monétaire Internationale (FMI), le Premier Ministre Alassane Dramane Ouattara, en lice contre

[142] Rappelons qu'Henri Konan Bédié avait lancé depuis la fin des années 90 une campagne tribaliste contre Alassane Ouattara. C'est sous sa présidence qu'est née la notion d'« l'ivoirité », qui faisait de Ouattara non pas un Ivoirien mais un ressortissant du Burkina Faso voisin : « C'est sous Bédié que la distinction est introduite. Le Code électoral n'est qu'une manifestation de l'ivoirité et la naissance de l'ivoirité, en période de campagne électorale, indique qu'elle est le versant idéologique de l'exclusion, légalisée par le nouveau code électoral. » (Yacouba Konaté, « Le destin d'Alassane Ouattara », dans Marc Le Pape et Claudine Vidal (Éds.), *Côte d'Ivoire. L'année terrible 1999-2000*, Paris, Karthala, 2002, p. 254.) Écoutons Bédié en train de ridiculiser Ouattara : « Quelles sont ces personnes qui se disent Ivoiriennes les jours pairs et non Ivoiriennes les jours impairs ? […] Nous autres nous n'avons qu'un seul pays. En cas de guerre, nous ne saurons pas où aller. Ceux qui en ont deux, car parmi nous, il y en a qui en ont plusieurs, ont un autre point de chute. » (*Ibidem*, p. 272 et 273.) Mais pour le second tour de l'élection présidentielle de 2010, il s'est cru obligé de soutenir Ouattara, après quand même quelques hésitations. Se pourrait-il que les autorités françaises menaçaient de saisir ses nombreux biens immobiliers mal acquis en France et de l'interdire de séjour dans ce pays, s'il ne « coopérait pas » ? Cela n'est pas exclu car, vu les décennies de haine farouche entre ces deux fils de Houphouët-Boigny, logiquement, un tel rapprochement ne se serait pas produit. Mais nous savons que les politiques ne sont pas toujours « logiques », surtout pas les acteurs dominants de la Françafrique.

le président L. Gbagbo. Il y a deux proclamations contradictoires de résultats : la Commission électorale nationale, pro-Ouattara, déclare Alassane D. Ouattara vainqueur ; la Cour constitutionnelle, instance nationale suprême, qui est pro-Gbagbo, déclare Laurent K. Gbagbo vainqueur. Le représentant du Secrétaire général de l'Organisation des Nations Unies pour la Côte d'Ivoire (Onuci), Choi Young-jin, déclare Alassane D. Ouattara vainqueur. La Communauté des Pilleurs Impénitents valorise sa décision. Pour eux, tout part de là, c'est le plus important.

Pour l'intellectuel révolutionnaire, c'est ce triomphe de la raison du plus fort qui pourtant atteste de la bêtise de ses propres scandales. C'est pourquoi il faut affirmer que c'est tout le reste qui est significatif : les responsabilités dans le coup d'État dont un président démocratiquement élu fut victime ; les enjeux des Accords de Marcoussis ; les objectifs réels de la médiation d'un traître, à savoir Blaise Compaoré[143] ; ce que cachait l'« obstination de Gbagbo à se maintenir au pouvoir », suivant les termes de ses

[143] Dans un article dans *Le Monde diplomatique*, Bruno Jaffré dénonce le président burkinabé en ces termes : « Médiateur dans maints conflits africains, le président du Burkina Faso, M. Blaise Compaoré, s'est fait une réputation d'homme de paix. Cette image, confortée par sa montée en puissance au sein de la "Françafrique", semble pourtant usurpée. En effet, le chef d'État burkinabé est impliqué dans la plupart des guerres et des crises régionales des vingt dernières années. Des témoignages récents révèlent le trouble passé de celui qui accéda au pouvoir à la faveur de l'assassinat du leader panafricaniste Thomas Sankara. […] Plus récemment, en 2002, les "rebelles ivoiriens" des Forces nouvelles ont lancé leur offensive depuis le Burkina, donnant le signal de la guerre civile. Leur chef Guillaume Soro, actuel premier ministre, déclarait le 1er octobre 2008 dans *Fraternité Matin* (Abidjan), à propos de M. Compaoré : "C'est mon mentor, je n'ai pas honte de le dire. Il m'inspire, il m'a énormément donné, il est à mes côtés. Sans lui, je ne serais pas ce que je suis". » (Bruno Jaffré, « Le Burkina Faso, pilier de la "Françafrique" », dans *Le Monde diplomatique*, n° 670, janvier 2010, p. 19).

détracteurs ; le rejet par les Occidentaux de l'initiative de l'Union africaine en vue de trouver une issue pacifique au conflit ; l'activisme outrancier de l'O.N.U. à travers le Sud-Coréen, M. Choi, contre la personne de L. Gbagbo ; l'unanimité des Grands autour de M. Ouattara, etc. L'intellectuel révolutionnaire tiendra à réorienter ses analyses des conséquences aux causes plus ou moins lointaines de cette crise post-électorale ; les autres exigeront qu'on s'attardât sur les faits présents. Pour lui, cette dernière approche, c'est le triomphe radieux de la politique du fait accompli. Car il sait que les faits se fabriquent de toutes pièces, suivant les *desiderata* des plus forts : ils peuvent tout démontrer ou tout dissimuler, suivant leurs humeurs carnassières. Or, cette condamnation unanime par les Grandes Puissances d'un président, qui dansait[144] en communion avec son peuple, c'est le plus suspect.

L'intellectuel révolutionnaire sait que « les Français ne lâchent rien sans se battre, ils s'accrochent jusqu'à ce qu'on tranche leurs mains ». Dès lors, il s'interroge : les choses ont-elles évolué depuis les indépendances des pays africains ? Pour un président nègre, la liberté d'action est-elle désormais garantie ? *A contrario*, la communion avec son peuple signe-t-elle son arrêt de mort ? Il a vu le Premier ministre Patrice Lumumba discuter dans la rue avec des citoyens ordinaires et consignant leurs doléances ; il l'imagine en train de prendre son repas chez le paysan, parfois assis à même le sol ; il se le représente en train d'arrêter le cortège présidentiel pour acheter le maïs grillé et les prunes qu'une mère de famille braise au bord de la route, sous le regard (admiratif ?) des agents coloniaux blancs et nègres. Maintenant il assiste à une scène où un président, qui dansait avec ses concitoyens,

---

[144] Voir vidéo :
http://www.youtube.com/watch?v=HYNdolEFem4.

est embarqué dans un hélicoptère de l'O.N.U., livré aux rebelles et voué à un lynchage médiatique qui en fait le pire tortionnaire de l'Histoire et un criminel recherché par la Cour pénale internationale. Aussi l'intellectuel révolutionnaire s'interroge-t-il : comment cet historien, qui excelle dans le « zouglou » (rythme propre aux musiciens ivoiriens), a-t-il pu se transformer en monstre, en si peu de temps ? Se pourrait-il que ce dirigeant ait fait une faute grave autre que l'imprudence de se rapprocher des masses ? Devait-il s'interdire des amusements ? L'exercice de la fonction suprême impose-t-il que celui qui en a la charge tue son affectivité ? Doit-il renoncer à exercer sa sensibilité en même temps qu'il entreprend d'organiser rationnellement son pays ? Aurait-il fallu qu'il concentrât plutôt son énergie à singer l'insensibilité réputée de ses « ancêtres » gaulois colonisateurs, dont Maran dit qu'ils avaient hypothéqué leur sentiment du goût dans le sadisme et la cruauté exécrable ? Y aurait-il une clause non écrite qui conditionnerait de toute éternité les dirigeants du Sud au statut ingrat de dictateurs-nés, de telle sorte que ceux parmi eux qui y dérogeraient soient frappés d'office d'un mauvais sort et vivent une triste fin de règne ? Un dirigeant du Tiers-Monde n'a-t-il de légitimé internationale que lorsqu'il affame, maltraite et exécute ses concitoyens tout en favorisant le pillage du territoire national par les Puissants de ce bas-monde ?

Désormais, l'office de l'intellectuel révolutionnaire est de poser ces questions. Il doit défendre tous ceux que les grands de ce bas-monde clouent au pilori. C'est pourquoi il ne tiendra pas nécessairement en haute estime le vainqueur déclaré par le Représentant spécial de l'O.N.U. : il est déjà trop puisant de tout le soutien armé et médiatique des Grandes Puissances pour bénéficier de sa mobilisation d'intellectuel qui, d'après l'autre, ne comprendrait rien aux enjeux. Le 22 août 2000, il a écouté le Premier ministre Alassane Ouattara parler : « Quand nous serons aux affaires en septembre, ce seront des torrents de milliards que nous aurons, des tornades de milliards que nous ferons. Ce seront des ouragans de milliards que nous ferons[145] ». Mais il se demande : faire des milliards, certes. Mais au profit de qui ? Ils entreront dans les poches ou les comptes de qui ?

Quoi qu'il en soit, le *pronunciamiento* onusien de M. Choi est consommé. L'intellectuel révolutionnaire n'a de cesse de s'interroger sur les responsabilités de l'O.N.U. dans cette guerre. S'il admet que, théoriquement, l'O.N.U. a pour vocation de promouvoir le dialogue entre les peuples et la paix mondiale, c'est-à-dire, plus concrètement : de « préserver les génération futures du fléau de la guerre qui deux fois en l'espace d'une vie humaine a infligé à l'humanité d'indicibles souffrances[146] », il faut dire, par rapport à son action dans les récents conflits armés en Afrique (en Côte d'Ivoire et en Libye), que ces missions nous semblent pour le moins complexifiées. Il constate à l'occasion du silence de l'O.N.U., lorsque les soldats français tirent sur la foule le 9 novembre 2004 devant l'hôtel Ivoire d'Abidjan ; il s'étonnera de l'indifférence de l'O.N.U. lorsque les rebelles Dozos égorgent et boivent le sang des Ivoiriens, au Nord du pays, orgies auxquelles participent des militaires « blancs ». Pis, lorsqu'il observe la cascade de sanctions qui accompagne le décret onusien de M. Choi, avec son corollaire, l'interdiction des livraisons de médicaments aux hôpitaux notamment, il s'indigne vertement du rôle de l'Onuci.

---

[145] Alassane Ouattara, cité dans Marc Le Pape et Claudine Vidal (éd.), *Côte d'Ivoire. L'année terrible 1999-2000*, p. 41.

[146] Charte de l'ONU. Préambule : http://www.unesco.org/education/information/nfsunesco/pdf/CHART_F.PDF.

L'intellectuel révolutionnaire a lu Sade. Il sait comment un de ses personnages, le Président de Blamont, conçoit la gouvernance d'un État : « Il y a ici quelque chose de bien singulier, c'est que, de la science d'interroger juridiquement, naît celle de séduire criminellement ; car, que sont nos interrogatoires captieux ? Que sont-ils autre chose que des subordinations et des séductions épouvantables[147] ? » Aussi le critique de l'actualité internationale ne manque-t-il pas de s'interroger : pourquoi les Grandes Puissances affectionnent-elles particulièrement le Chapitre VII de la Charte des Nations Unies : « Action en cas de menace contre la paix, de rupture de la paix et d'acte d'agression » ? Il se rend vite à l'évidence que c'est là où elles fondent leurs meurtriers sophismes. Dans le cas d'espèce, la France et les États-Unis, soutenus par l'O.N.U., ont eu recours à plusieurs types de sophismes, le *renversement de la preuve* entre autres : « Prouvez donc que Ouattara n'a pas gagné ! » ; et la *pente savonneuse* : « On ne peut pas accepter un partage du pouvoir, ce serait un précédent grave si on laissait cela, il y plusieurs scrutins en Afrique, etc. » M. Thomas Hofnung les manie avec adresse lorsqu'il affirme : « Mais à partir du moment où il y a eu un soutien du PDCI (Parti démocratique de Côte d'Ivoire de l'ancien président Henri Konan Bédié), d'un point de vue arithmétique, Gbagbo ne pouvait pas gagner[148]. » Si l'on comprend bien le déraisonnement de ce « spécialiste de l'Afrique », cela veut dire que puisque le président Laurent Gbagbo ne pouvait pas gagner arithmétiquement, il a donc perdu démocratiquement. C'est

---

[147] Sade, *Œuvres I*, Michel Delon (éd.), Paris, Gallimard, La Pléiade, 1990, p. 502.

[148] Thomas Hofnung vient de publier l'essai, *La crise ivoirienne, de Félix Houphouët-Boigny à la chute de Laurent Gbagbo*, aux éditions La Découverte. Il a accordé l'interview dont la citation ci-dessus est tirée au *Slate Afrique*. Disponible au lien : http://www.slateafrique.com/58405/gbagbo-ouattara-cote-ivoire-reconciliation.

donc une affaire de chiffres, sur un papier, à Paris, Londres, Washington, etc.

Ces sophismes cachent mal la raison du plus fort qui a dominé toute la guerre post-électorale ivoirienne. Outre un recours récurrent à la théorie des dominos (« si on laisse faire, d'autres dirigeants vont confisquer la démocratie, etc. ») les Occidentaux, qui s'acharnaient contre un candidat, n'avaient réellement pour argument de poids que l'*argumentum ad baculum* (l'« appel aux conséquences », c'est-à-dire, dans ce cas, des attaques armées de plusieurs pays occidentaux coalisés). À défaut de comprendre ces jeux de mots aux conséquences criminelles, le critique politique peut cependant imaginer les enjeux. Il est justement stupéfié des coïncidences historiques : en Côte d'Ivoire, les soldats nègres de l'O.N.U. passent aux verges les femmes qui manifestent leur soutien au président Gbagbo, comme au bon vieux temps où les casques bleus interdisaient l'accès à la radio à Patrice Lumumba, suivant les instructions d'Andrew W. Cordier. Le critique politique assiste au bombardement par les avions de l'O.N.U. des forces gouvernementales ivoiriennes. Il s'interroge, scandalisé : se pourrait-il qu'elle ait donc effectivement acheminé les rebelles du nord au sud, à Abidjan, ainsi que le dénoncent les Forces de défense et de sécurité (armée nationale) ? Se pourrait-il qu'elle ait armé la rébellion[149] ? Dans tous les cas, il est ulcéré de constater que les casques bleus combattent aux côtés des rebelles

[149] Jean-François Julliard fait les révélations suivantes : « Selon des témoignages et des documents obtenus par "Le Canard", des proches de Ouattara ont monnayé, en 2009 et en 2010, d'importantes quantités d'or extraites des mines du Nord. Plusieurs tonnes ont été acheminées au Ghana voisin sous couvert de véhicules de … l'ONU. Puis envoyées, par petites quantités, à Anvers (Belgique) pour être transformées. À l'état de poudre, cet or a été négocié à plus de 15 000 euros le kilo. » (Jean-François Julliard, « Comment Sarko a appuyé l'offensive anti-Gbagbo », dans *Le Canard enchainé*, n°4719, du mercredi 06/04/2011).

dans les rues d'Abidjan. Et ce n'est pas sans une certaine amertume qu'il assistera à l'arrestation de L. Gbagbo par des rebelles soutenus militairement par les forces onusiennes et françaises. Ces dernières avaient au passage rouvert le tunnel liant la demeure présidentielle à l'ambassade de France et avaient gazé le Président de la République de Côte d'Ivoire, L. Gbagbo, dans son bunker, comme un rat. Surtout, c'est avec le sentiment du déjà vu qu'il regarde la retransmission très médiatisée et en direct, de l'acheminement du colis présidentiel (le prisonnier L. Gbagbo) par les soins des forces de l'O.N.U. dans le fief de la rébellion, à Korhogo. Il se rappelle que Patrice Lumumba fut aussi livré aux rebelles sécessionnistes du Katanga.

Quel est l'enjeu de ces longs développements sur la politique internationale ? Ils visent tout simplement à montrer que, malgré les évidences têtues et les saisissantes répétitions de l'Histoire, il y a encore, parmi les sous-hommes, des naïfs à croire qu'il existe une « mentalité de sous-développement » et des étourdis à espérer un coup de main des institutions internationales, de la France et des Autres, pour les sortir de la misère. Il faut déniaiser ces crédules ; il faut désillusionner ces apathiques. À la lumière des faits évoqués plus haut et des derniers développements sur le front libyen, des interrogations vitales surgissent : se pourrait-il que sous le prétexte de l'aide au développement, du renforcement des capacités au Sud et du combat contre la dictature, l'Occident travaille à retarder le développement du Tiers-Monde ? Cette interrogation trouve toute sa pertinence dans la récente guerre de la France en Côte d'Ivoire. Ainsi, lorsque certains observateurs imputaient le chaos actuel en Côte d'Ivoire à Laurent Gbagbo, des voix infiniment plus nombreuses s'élevaient pour soutenir qu'Alassane Ouattara ne rend pas justice aux Nègres opprimés et qu'il défendrait plutôt les intérêts des multinationales et autres lobbies occidentaux. Tout a été dit sur Gbagbo par les néo-colons français et américains. Leurs patrons les plus ouvertement déclarés ont sorti leurs griffes de fauves assoiffés du sang des mammifères humains pour massacrer la liberté et la dignité nègres en renaissance ; ils ont crucifié ce Nègre rebelle à leur idéologie moyenâgeuse. Mais ils ont oublié de l'achever ! Ont-ils chanté trop tôt leur victoire ? Croyaient-ils l'étrangler sans l'avoir préalablement terrassé ?

Certes, maintenant, Gbagbo est séquestré par la Communauté des Pilleurs Impénitents (CPI), mais les contradictions sont-elles pour autant résolues ? Qu'est-ce que l'Histoire retiendra de cet historien ? Pour y répondre, rappelons-nous ces mots de Voltaire : « J'appelle grands hommes tous ceux qui ont excellé dans l'utile ou dans l'agréable. Les saccageurs de provinces ne sont que des héros[150] ». En ce sens, Laurent Gbagbo n'est pas un héros ; c'est un grand homme. Il a résisté jusqu'au bout à l'impérialisme et aux embuscades *françafricaines* de recolonisation brutale de l'Afrique. Après Lumumba, Sankara, …, Gbagbo redonne aux Nègres le goût exotique de leur liberté. N'est-il pas dans ce cas la personnalité politique africaine la plus emblématique de ce début de millénaire ? Cet historien Nègre n'est-il pas historique en ce qu'il indique le chemin que tous les dominés et les exploités de la terre doivent emprunter pour vaincre le néo-colonialisme et les impérialismes en cours dans notre monde ?

---

[150] Voltaire, *Lettres (1711-1778)*, L. Brunel (éd.), Paris, Payot & Rivages, 2009, p. 78.

II. La peste de la « démocratie » et ses « rats » : la guerre libyenne

Toutes ces réflexions visent à dévoiler le *modus operandi* des acteurs dominants de l'humanisme abstrait. Ils organisent cyniquement la rareté des ressources pour sécuriser leurs profits et faire perdurer un système diplomatico-stratégique anachronique. L'impérialisme suscite et entretient en permanence des conflits armés depuis la guerre froide, en passant par les guerres coloniales, jusqu'à la lutte planétaire contre le terrorisme. Actuellement, il a franchi une autre étape : on dicte la démocratie (les intérêts du Capital) au prix de bombardements massifs des populations civiles dont on dit défendre le droit de vote. En somme, l'impérialisme a atteint sa maturité : il ne se salit plus. Il a les mains trop blanches ou assez imparfaitement noires[151] pour passer inaperçu. C'est qu'il a appris de l'histoire de ses crimes millénaires et ne se soucie plus de s'exprimer lui-même. Il laisse aux sous-hommes la liberté de s'entre-tuer et de s'épouvanter de leur barbarie constitutive. Les Grandes Puissants s'arrogent le droit ou, plus exactement, la brutalité légalisée de faire la loi. Car, l'autorisation du recours à la force contre un État souverain que donne le Conseil de sécurité de l'ONU est illégitime en soi, puisque certaines composantes de l'humanité n'y sont pas représentées (l'Amérique latine, l'Afrique, le Moyen-Orient notamment). Nous comprenons par conséquent qu'il s'agit d'usages criminels du droit international. Ce sont ces manœuvres onusiennes qui permettent à l'Occident de persécuter impunément les sous-hommes de la périphérie du monde industrialisé. Or, en principe, l'ONU, avec ses mains bleues (les casques bleus), ne

[151] L'Amérique actuelle, avec le chérif Nègre qui la dirige, dont la politique étrangère violente et agressive n'a rien à envier aux massacres perpétrés par son prédécesseur, le Cow-boy du Texas, Georges W. Bush.

représente-t-elle pas la volonté manifeste de tous les peuples de la terre à travailler à la justice et à la paix mondiales ?

Pour sa part, l'impérialisme ne l'entend pas de cette oreille : il veut mettre la loi *au service de l'illégalité*. Les Grandes Puissances savent qu'aller contre l'O.N.U., c'est se renier et appeler contre soi la force contraignante souveraine, comme le mauvais citoyen de Rousseau, qui revendique d'être puni et ramené sur le bon chemin après s'être éloigné de la volonté générale. De même, celui qui contesterait l'ONU (car on refuse que le sous-homme veuille distinguer le Conseil de sécurité des autres instances de l'O.N.U.) chercherait des histoires à tous. Aussi devra-t-il s'attendre à une volonté unanime et forte de la « communauté internationale ». Et on sait ce que la volonté vient faire dans le délire de domination des Grandes Puissances : c'est l'autre nom de la prochaine résolution qu'elles voteront au Conseil de sécurité. C'est au moyen de cet acte, qui conduira à de nombreux crimes et massacres de populations civils, qu'elles espèrent pourtant passer par effraction à travers les mailles de la mémoire des peuples : il faut laisser une bonne impression aux générations présentes et à venir. D'aucuns se diront : puisqu'il y avait parmi eux un Nègre, c'est que leur entreprise devait avoir une certaine légitimité. Ils se soucieront alors très peu d'interroger ce « devait ». Se rappelleront-ils seulement que, pendant l'esclavage, les contremaîtres les plus féroces étaient parfois des Nègres affranchis ? Se souviendront-ils du fait que l'assassinat de Lumumba fut rendu possible par la complicité criminelle des soldats de l'O.N.U ?

Les Grandes Puissances conditionnent donc les relations interpersonnelles et interétatiques à prendre la forme d'une guerre permanente. En fait, la guerre entretient leur économie anthropophage. Cela s'est encore vérifié dans la récente guerre impérialiste contre la Libye. Officiellement, dans les médias, cette intervention armée n'est pas, à proprement parler, une guerre : c'est une *crise*, une *révolution*. Crise post-électorale, révolutions libyenne et syrienne de la démocratie, etc. ont pour prétexte de protéger les populations civiles, de défendre les droits de l'homme et les libertés individuelles, et de promouvoir la liberté tout cour. Dans les faits, ce sont des guerres qui représentent une aubaine pour ce système de prédation. C'est ainsi que la Grands identifient d'abord, dans la périphérie du monde industrialisé, des lieux où des revendications sociales sont en cours et où ils peuvent déclencher une rébellion. À partir de là, on met à contribution Human Rights Watch et les autres organismes qui s'apitoient sur les droits de l'homme. Il s'en suit une profusion de trafics et de ventes d'armes. Entretemps on court-circuite la lucidité de chacun ; on inquiète, terrorise et bombarde les populations, pour les contrôler et les exploiter impunément. Le but ultime de ces croisades est non seulement de contrôler les élites et les gouvernements locaux, mais aussi d'accaparer les ressources naturelles et les richesses locales. En outre ceci leur assure des profits exorbitants dans la mesure où il y a un développement de l'offre des marchés publics. Ces derniers sont attribués moyennant des commissions qui, en réalité, initient et entretiennent la corruption et la concussion des dirigeants locaux du Sud.

La collusion avec le terrorisme

Nos précédentes analyses sur le néo-colonialisme nous convainquent que, pour que ces forfaits réussissent, il faut la complicité active des sous-hommes eux-mêmes. Nous venons de remarquer que la tâche idéologique réussit à faire en sorte que le sous-homme soit en permanence rivé à une autodérision cynique et destructrice. Si nous considérons la situation actuelle de la « Libye libre », ne pourrions-nous pas affirmer que les combattants baptisés « révolutionnaires » par l'Occident fêtent leur statut de victimes consentantes du système mondial de domination et d'exploitation en cours ? En effet, lorsque nous voyons ces Libyens chantant à tue-tête « Allah akbar ! » au milieu des villes complètement anéanties et des milliers de familles décimées, il n'est pas impertinent d'y voir une aliénation radicale, un peu comme dans le cas de certains Négro-Africains qui s'opposaient à l'indépendance de leurs territoires par nostalgie des colons, ou comme ces citoyens français qui, outrés des uniformes en lambeaux de leurs soldats pendant la libération, regrettaient la tenue impeccable et imposante des nazis. Ces combattants libyens, qui sont pour la plupart peu instruits, fêtent leur révolution : ils ramassent les cadavres de leurs camarades de classe qu'ils ont exécutés pour qu'advienne le règne de la Révolution ; ils amassent les corps déchiquetés des membres de leur propre famille, qu'ils ont parfois abattu eux-mêmes pour les « sauver de la dictature » ; ils pillent les maisons de leurs concitoyens pour, peut-être, les soulager des souffrances du régime dictatorial déchu ; ils remercient les présidents français, Nicolas Sarkozy, et américain, Barak Hussein Obama, et le Premier ministre anglais, David Cameron, d'avoir fourni des tonnes d'armes grâce auxquelles ils se sont entre-tués et d'avoir fourni les avions qui ont permis de bombarder leur villes avec une cadence toute révolutionnaire.

Surtout, ils rendent hommage à l'Organisation du Traité de l'Atlantique Nord (OTAN). Les « Révolutionnaires » lui savent gré des massacres perpétrés par ses soins à Syrte, à Tripoli, à Bani Walid et dans les autres villes libyennes. Elle a le mérite d'avoir arrosé leurs pays de milliers de bombes : elle est l'instrument de leur libération. Personne parmi eux ne s'interroge : qu'eût pu représenter une Libye panafricaine ? N'eût-elle pas été *un ferment dans tous les cœurs asservis* ? Maintenant, au contraire, les Libyens sont prêts à apprendre les procédures de demande d'asile. Car, pour l'humanisme abstrait contemporain, il était scandaleux de ne pas retrouver parmi les demandeurs d'asile des citoyens libyens[152]. Maintenant la boucle est bouclée : tous les sous-hommes sont sommés d'abdiquer leurs prétentions saugrenues à la liberté, à l'égalité et à la justice ; ils doivent se résigner à leur condition : ils n'ont pas à stresser ni à craindre pour leur avenir, les armes des Puissants assurent de toute éternité leur intégration forcée et leur bien-être dans le système de domination planétaire en marche ; l'ingérence humanitaire et l'attribution du droit d'asile politique sont les garanties d'une inestimable valeur par rapport au « petit » renoncement à l'exercice du jugement personnel – au reste fort laborieux et sans plaisir – qu'on exige d'eux en retour.

III. Le « Printemps arabe » et l'insurrection des sous-hommes : réflexions sur l'immolation de Mohamed Bouazizi

Ceux qui se révoltent maintenant dans la périphérie du monde industrialisé, dans les villes et les campements des pays industrialisés (les Indignés), actualisent diversement les principes et les valeurs des Lumières et du *bon sens*. Rousseau l'a montré : la méchanceté n'est pas un trait atavique en l'homme. Qu'est-ce à dire, sinon que ces révolutionnaires désœuvrés dévoilent la chair noire de la raison qui, depuis des siècles, est solidement dissimulée dans la peau « bleue » de l'humanisme abstrait ? Ils

---

[152] Il était extrêmement rare de trouver des Libyens en train de demander l'asile « économique » dans un pays occidental, comme le font généralement tous les autres Africains. Les autres citoyens arabes et négro-africains du continent leur enviaient leur relative aisance financière. La chute du colonel Kadhafi a changé la donne et inversé la tendance.

tropicalisent, mieux, ils fécondent la raison afin de la rendre plus prolifique et vraie. Pour ces insurgés du désespoir, il faut que la justice, la liberté, l'égalité et la fraternité, les principes de la modernité occidentale en somme, se déprennent de la structure de mensonge qui les a jusque-là constitués. La raison humaine trouve finalement en cette explosion de la faim, des déceptions et des rancœurs, l'humus qui fertilise son contenu : elle revêt la carapace qui la constitue véritablement : elle cause, entretient et survit comme/dans l'immolation de Mohamed Bouazizi.

Le 17 décembre 2010, à Sidi Bouzid en Tunisie, Mohamed Bouazizi, un jeune marchand ambulant, s'est immolé. Il protestait ainsi contre la confiscation de ses marchandises par des officiers du maintien de l'ordre, qu'il n'avait pas pu corrompre faute d'argent : il prenait ses marchandises à crédit et remboursait ses fournisseurs après avoir vendu. Il avait subi de nombreuses humiliations et persécutions des officiers de police qui exigeaient un permis qu'un marchand ambulant n'était pas légalement tenu d'avoir. Le témoignage de sa sœur est édifiant : « À Sidi Bouzid, ceux qui n'ont ni connections ni argent pour soudoyer sont humiliés et insultés, et ils ne sont pas autorisés à vivre[153] ». Aussi Mohamed Bouazizi avait-il renoncé depuis longtemps à son statut d'humain, par la force des choses. Que s'est-il passé ? Un humain avait-il donc renoncé de son plein gré à sa charge d'humain ? C'est que ce jeune Tunisien n'avait pas trouvé du travail ; il se cherchait dans la rue. Il avait réalisé, par l'expérience de ses errances accumulées, que vivre c'est avoir de l'argent, c'est-à-dire aussi, n'avoir pas faim. Or, ces exigences étaient très au-dessus de son horizon historique. Il entreprit d'y renoncer. Il renonça donc à

[153] Leila, à Reuters, le 19/01/2011 : http://af.reuters.com/article/libyaNews/idAFLDE70G18J20110119. Consultée le 21 novembre 2011.

vivre : il préféra désormais survivre, en faisant du petit commerce. Depuis l'âge de 10 ans, il vendait pour aider sa mère à nourrir ses frères et sœurs cadets et pour payer ses études au collège. Maintenant on lui interdisait de se débrouiller, après lui avoir refusé l'accès dans l'armée. Puisqu'il ne représentait désormais plus rien – tout juste un quasi-anthropoïde doté de sens fonctionnels – il lui fallut au moins s'effacer dans le silence qui le constituait de fait.

Au matin du 17 décembre 2010, ce quasi-anthropoïde, donc, est interpellé. Des agents municipaux lui prennent de force ses marchandises, c'est-à-dire qu'on le confisque d'office, parce qu'il n'est rien sans ces fruits et légumes. Chez les Occidentaux, on rencontre souvent des bourgeois narcissiques très attachés à leurs biens matériels. Ce qui n'est pas en soi un crime, ni un péché. Le problème survient lorsqu'on constate que, si quelqu'un s'aventurait à égratigner négligemment, et par mégarde, la nouvelle BMW ou la Porsche de l'un d'eux, et s'il n'y a pas de témoins, ces bourgeois seraient prêts à liquider proprement l'imprudent d'un coup de revolver, à cause de l'outrage majeur qu'il aurait commis de s'approcher si près d'eux. Car, se convainquent-ils, cette voiture, c'est l'extension matérielle de leur corps ; c'est la force palpable de leur « esprit ». On imagine qu'ils n'auraient pas la même réaction belliqueuse si l'un d'eux surprenait sa femme en plein acte d'adultère. Dans ce dernier cas, il se dira certainement : je suis assez civilisé pour la comprendre et pour concevoir que l'on puisse (se) tromper. Mohamed Bouazizi ne peut développer de tels sentiments, qui sont le propre des consciences évoluées d'Occident qui manipulent toujours le *bon sens* comme le volant de leur automobile. Lui, il dépend de ses vadrouilles dans les trottoirs. Or, la Raison d'État l'arrête, le tabasse, l'humilie.

Il proteste dans les bureaux des officiers, est muselé de plus belle et chassé comme un pestiféré.

En plus de ne pas trouver du travail, la police allait-elle lui interdire de se débrouiller en faisant du commerce ? Va-t-il recommencer ? Va-t-il s'opposer aux policiers ? Il sait ce qui l'attend. On sait comment ça se passe dans ces contrées-là. Il rumine : ils me tabasseront jusqu'au sang et ne seront pas inquiétés outre mesure ; ils feront venir mon oncle, ma mère, mes sœurs et frères, pour qu'ils témoignent, par leurs regards hagards, de l'étendue de ma présence stupide dans ce monde ; ils obligeront peut-être une de mes sœurs à s'endetter, voire à se compromettre dans la fornication, pour que je recouvre un semblant de liberté. Il se résigne, interrogateur : était-il donc si difficile au pouvoir politique de laisser survivre ses citoyens ? Or, dans son cas, puisqu'il avait fait une concession majeure en renonçant à exiger un travail rémunéré qui lui eût permis de vivre, il espérait du répit : il voulait qu'on lui permît de survivre, en vendant paisiblement des fruits et des légumes. D'ailleurs, en bon croyant, ne se dit-il pas : la vie même sur terre c'est quoi ? C'est rien, non ? Pourquoi m'entêter, vouloir devenir riche ? Ces cogitations et sa foi religieuse le décident à la générosité. Il distribue donc, suivant la fortune, des fruits et des légumes aux familles les plus déshéritées.

L'implacable machine de l'État a eu raison de sa foi et de son optimisme démesuré : il faut lui interdire d'exercer son métier d'Homme, c'est-à-dire la capacité qu'a tout être humain lucide de concevoir un mieux-être personnel. Il se perd dans de sourds marmottements : son activité représentait-elle un crime contre l'intérêt supérieur de l'État ? Est-il donc d'une nature si corrosive qu'il menace radicalement l'ordre public ? Plus simplement, survivre est-il au-dessus de ses moyens ? Il ne pourra plus assumer ses responsabilités de père et ses devoirs futurs d'époux ;

il ne pourra pas faire manger ses enfants ni faire plaisir à sa future épouse, en lui offrant des fleurs par exemple. Bouazizi voit toute sa vie présente et à venir au téléviseur imaginaire que sa désolation actuelle met gracieusement sous ses yeux. Va-t-il choisir d'endurer la honte et le ridicule ? Pour un musulman, de surcroît un chef de famille fier et digne, ce n'est pas une alternative louable. Autant pour lui disparaître en douce. Il faut tenter de l'autre côté, chez Allah. N'est-il pas Mohammed, l'homonyme du grand Prophète ? Il rassemble ses dernières forces et s'immole. Et le « Printemps arabe » débute.

Que pouvons-nous retenir de cette chair vivante en feu, sinon que c'est la Raison des plus forts qui brûle à travers ce corps qui se tord, se rétracte, s'emmêle et choit sous nos regards hébétés ? Mais elle ne se consume pas, puisqu'elle est en soi immarcescible : elle se contente d'enflammer cette bête incommode, qui trouble l'ordre public et le sommeil des vrais Humains. Son destin est celui de tous ceux qui, aux quatre coins de la planète, refusent d'être insignifiants. Ils s'immolent pour marquer une présence niée qui, pourtant, devrait constituer la matière de toute initiative politique. Autrui n'est-il pas le fondement de l'identité individuelle ? Pourrait-on envisager la société d'un seul individu ? Or, à travers ces corps en feu, ce sont tous les ferments de l'immonde sécession des sous-hommes que les bourreaux des peuples espèrent conjurer. Il faut éradiquer l'altérité et consolider la démocratie dite planétaire.

C'est cette Raison des nantis, qui (s') essuie des larmes *blanches* dans le linceul *noir* de l'activisme humanitaire actuel. Puisqu'elle est imputrescible (sécurisée par d'innombrables arsenaux militaires, dont des boucliers anti-missiles, les bombes atomiques, thermonucléaires, etc.), il lui est loisible de se reconstituer et de se renouveler *ad vitam aeternam* à travers les misères humaines qui se perpétuent en elle comme une autre dimension de sa nature. Décidément, il faudrait que le racisme cesse d'être confondu avec le cynisme : il représente une seconde nature. Car cet Arabe qui s'est sacrifié, comme d'ailleurs tous ceux qui continuent de s'immoler à cause des injustices et des abus de toutes sortes, ne revendique plus son identité personnelle ; il la renie pour traduire l'inconfort et les douleurs dont la plupart des hommes font l'expérience. Il communique son indignation au loin et se confond à une sorte de mammifère transitionnel qui annonce l'avènement du véritablement humain. Ce *véritablement humain*, comment le reconnaitrions-nous ? Quels en seraient les attributs psychosomatiques ? Répondons qu'il se réalisera chaque fois que l'un de nous, dans ses relations avec les autres mammifères bipèdes, se défie rigoureusement de son imaginaire pathologique et se reprend lucidement dans ses actions. Cet anthropoïde neuf s'oblige toujours à s'interroger sur soi et sur tout autre que lui, en (se) dénonçant en même temps (dans) cette hardiesse comme l'imprescriptible prélude de la modernisation du processus historique.

Comprenons-le bien : l'idée de modernité retient celle d'humanisation. Car, elle induit une remise en question de soi dont la conséquence immédiate n'est autre qu'un sursaut de lucidité de l'acteur historique ainsi considéré. Et la problématisation de l'identité personnelle consiste en cette dialectique féconde, où s'opèrent en même temps une transformation radicale de soi et une inversion du cours anachronique des événements. L'inversion du cours de l'histoire survient dès l'instant où il y a un travail de destruction idéologique des bases doctrinales d'un système international qui entretient cyniquement les privations, les crimes et le racisme. Car la rareté que ce système produit, dans la mesure où elle réquisitionne toutes les ressources (psychologiques, éducationnelles, matérielles, etc.) de l'individu et en exacerbe la précarité, le pousse finalement à se dégoûter de son inanité. Celui-ci contraint alors ses aspirations à se réaliser, sans pudeur et sans retenue, à la face pudique et précautionneuse du « Monde libre » : c'est la révolution des *sous-hommes* qui crée l'Homme !

Mais il y a une obstruction majeure à notre argumentaire : comment la révolution des sous-hommes peut-elle contribuer à la transformation qualitative de « cosmocrates » tout puissants ? Il est vrai qu'une écrasante majorité d'entre nous font quotidiennement provision de solides scrupules moraux pour contrer la naturelle circonspection à quoi nous dispose tout ce qui nous paraît inhabituel, différent ou étranger. Si tel est le cas, comment comprendrait-on l'initiative de cette Allemande qui aida son amoureux, un demandeur d'asile nègre débouté, à échapper à la déportation et à obtenir ses « papiers » en convainquant un de ses compatriotes médecin de le déclarer fou et de l'interner ? Comment comprendre l'émotion bienheureuse de cette Belge qui, toute fière et presque narcissique, nous relatait les aventures qui l'avaient conduite à traverser illégalement la frontière franco-belge avec son « homme » dans la malle arrière de son auto ?

IV. L'expérience de la sincérité dans les relations internationales : le capitaine Thomas Sankara

On rapporte qu'au cours des derniers jours qui séparaient le colonel Mouammar Khadafi de son lynchage public, il se plaignit d'avoir été trahi par ses amis, Nicolas Sarkozy et Silvio Berlusconi surtout. Il n'est pas important de savoir si ces rumeurs sont corroborées par des faits. Ce qui nous intéresse dans l'histoire, c'est la notion « d'amis » que les présidents Khadafi, Sarkozy et

Berlusconi ne manquaient pas de se jeter à la face lors de leurs rencontres, lorsqu'ils se prenaient au téléphone ou quand ils s'envoyaient des câbles diplomatiques. Si nous nous interrogeons ainsi, c'est parce que des milliers de Libyens et de Négro-africains, qui ne rêvaient pas (pour la plupart, qui ne voulaient pas) êtres des amis de sieurs Sarkozy et Berlusconi, ont péri dans leurs « amicales » querelles. Comment donc une amitié, dont on sait en principe qu'elle implique la sincérité et qu'elle peut constituer une nouvelle fraternité, a-t-elle conduit des amis à bombarder le pays de leur ami et à commanditer son lynchage par la foule ? Cette interrogation, telle qu'elle, ne nous conduirait à rien, puisque le citoyen est, en principe, ignorant des dossiers classés « Top secret ». Ce qu'elle permet, par contre, c'est de supposer qu'il y aurait des amitiés sans sincérité ou, inversement, qu'il y aurait des sincérités suspectes. Aussi devons-nous interroger cette notion centrale de sincérité qu'implique l'amitié et essayer de comprendre comment/si elle peut justifier de dévaster un pays, en y rasant des villes entières et en livrant son leader à la vindicte populaire.

On sait que la sincérité entre des individus conscients consiste en le fait qu'ils se mettent volontairement, et avec les mêmes intentions d'harmonie, au service de la transformation qualitative de leur monde à partir d'un renouvellement permanent des dispositions et de défis qui président à leurs relations mutuelles. Aussi ne s'agit-il pas simplement d'un idéal lointain auxquels ceux qui y aspirent travailleraient perpétuellement. Au contraire, c'est une démarche qu'on entreprend, « le mouvement » même à partir de quoi on s'engage à ne pas mentir, à ne pas cacher ses affects, à éviter le ressentiment en dénonçant les injustices, etc. Ce qui revient, en somme, à *faire exister* le vrai. C'est pourquoi la sincérité est toute structurée d'un horizon de retenue et de scrupule. En d'autres termes, on ne peut prétendre à la sincérité en faisant du tort ou en cautionnant le faux. Par conséquent, si l'on suit ce raisonnement jusqu'au bout, on dirait tout simplement : la sincérité tue. Car, en effet, lorsque le champ diplomatico-stratégique est parsemé d'injustices, de brimades et de crimes qu'occasionnent le néo-colonialisme et les impérialismes, l'urgence est à culture de la sincérité. Pour justifier cette amplification, nous allons considérer un autre assassinat politique commandé par les Grandes Puissances, les réseaux françafricains principalement, celui du Capitaine-Président Thomas Sankara.

Cet officier de l'armée burkinabé est le leader de la révolution, qui débuta avec le coup d'État du 7 novembre 1982. Thomas Sankara dirige la Haute-Volta de 1983 à 1987. En 1984, il rebaptise son pays le Burkina Faso ou *Pays des hommes intègres*. C'est le début d'une longue lutte contre ceux qu'il désigne les « ennemis du peuple », c'est-à-dire les élites locales corrompues et les acteurs du néo-colonialisme et toutes les formes d'impérialismes. Pour lui, en effet : « L'histoire et le processus de conscientisation des masses populaires suivent un cheminement dialectique qui échappe à la logique réactionnaire[154]. » Par ces mots, et par le travail de transformation sociale de son pays qu'il initie en s'appuyant principalement sur les masses, Sankara démontre qu'il est un fervent adepte de la pensée marxienne et qu'il partage l'idéal de la lutte révolutionnaire des sous-hommes, quels qu'ils soient et où qu'ils se trouvent. Donnons-nous la peine de l'écouter davantage :

> *Je parle au nom de ces millions d'êtres qui sont dans les ghettos parce qu'ils ont la peau noire ou qu'ils sont de culture différente et qui bénéficient d'un statut à peine supérieur à celui d'un animal.*

---

[154] Thomas Sankara, cité dans Michel Prairie (éd.), *Thomas Sankara parle. La révolution au Burkina Faso 1983-1987*, New York, Pathfinder Press, 2007, p. 85.

Je souffre au nom des Indiens massacrés, écrasés, humiliés et confinés depuis des siècles dans des réserves. Je m'exclame au nom des chômeurs d'un système structurellement injuste et désaxé.
Je parle au nom des mères de nos pays démunis qui voient mourir leurs enfants de paludisme ou de diarrhée, ignorant qu'il existe, pour les sauver, des moyens simples que la science des multinationales ne leur offre pas.
Je parle au nom de l'enfant. L'enfant du pauvre qui a faim et qui louche furtivement sur l'abondance amoncelée dans une boutique pour riches. Oui, je veux parler au nom de tous ces laissés pour compte, parce que je suis homme et rien de ce qui est humain ne m'est étranger[155]*.*

En somme, un engagement politique interculturel. Par cette déclaration, Thomas Sankara dit que les Africains, les Occidentaux et toutes les peuples de la planète devraient se remettre en question en permanence, pour identifier ce qui leur convient et ce qui les abrutit au point qu'ils ne puissent plus avoir la lucidité de défier le cours de l'Histoire. Dans le cas de l'Occidental précisément, il faut qu'il se défie de son goût. Par exemple, lorsqu'il consomme les produits des colonies ou bénéficie des avantages de la société de consommation, il doit sonder en permanence, rigoureusement, son bonheur personnel et les

[155] Ludo Martens, *Sankara, Compaoré et la révolution Burkinabè*, Anvers, Epo, 1989, p. 8-9. C'est nous qui soulignons, à la fin, pour marquer la tournure sartrienne de cette assertion. Sankara a effectué plusieurs stages de formation, à Madagascar, au Maroc et en France, où il part en 1978. Or, dans la mesure où il cherchait à s'instruire en permanence, nous pensons qu'il a suffisamment lu Sartre. Tous les deux font d'ailleurs preuve de la même admiration à l'endroit de Patrice Lumumba et de Che Guevara, et leur engagement politique révolutionnaire contre le néo-colonialisme et les impérialismes est également sans concession.

souffrances inévitables qui en résultent, de l'autre côté de l'Atlantique. Ce n'est certes pas un hasard si, d'une part, Sankara parle souvent des Français dans ses textes et, d'autre part, ses articles paraissent dans *Solidaire*, l'hebdomadaire du Parti du Travail de Belgique[156]. En 1983, au cours d'un ralliement de masse à Ouagadougou, Sankara pousse l'impertinence – c'est ainsi que les Grandes Puissances perçoivent les critiques pertinentes et légitimes faites contre le néo-colonialisme et des impérialismes par ce leader panafricaniste – en déclarant : « Le peuple aime la coopération entre les États qui respectent leurs peuples. Le pays de Haute-Volta ne veut pas qu'on lui indique sa voie. Nous disons non à la domestication de la diplomatie voltaïque ! Nous disons non au despotisme de la diplomatie voltaïque ! Nous sommes libres d'aller où nous voulons. Et je vais vous dire une chose, un secret. Ne le répétez pas aux impérialistes. Ceux qui nous reprochent d'avoir été en Lybie ont pris les dollars de Khadafi pour développer leurs pays. Se croient-ils plus malins que nous ? Ils vont traiter avec Khadafi. Pourquoi ? Qui est plus malin que qui[157] ? »

Non, Sankara exagère, et il le sait. Il sait qu'avec son titre internationalement vide de Président de la République du Burkina Faso, il pourrait aller où il veut. Ce n'est donc pas cela qui faisait problème. En fait, le discours de Sankara entretient une sorte d'autodérision. Sankara ruse. À travers une féroce ironie, il entreprend de traduire toute l'irrationalité du système impérialiste qu'il décrit. Il ne veut plus confondre la libre circulation d'un dirigeant nègre dans les tribunes internationales avec l'exercice de soi dans la jouissance pratique des droits fondamentaux

[156] Voir notamment les numéros de *Solidaire* d'août 1986 et mars 1987.

[157] Thomas Sankara, « Qui sont les ennemis du peuple ? », dans Michel Prairie (éd.), *Thomas Sankara parle. La révolution au Burkina Faso 1983-1987*, p. 63-64.

qui font l'identité d'un individu ou d'un peuple. Autrement dit, ce n'est pas parce qu'un Nègre s'égosille à la tribune de l'Assemblée générale des Nations Unies ou qu'il est reçu en grandes pompes à la Maison Blanche que sa voix compte. Bien au contraire. Ces attentions peuvent cacher la plus intime déconsidération. Nous avons vu avec quelle légèreté les présidents George W. Bush et Jacques Chirac se disputaient ces jouets présidentiels africains à la veille du déclenchement de l'invasion de l'Irak.

Sankara exigeait quant à lui la sincérité à ses homologues, prioritairement aux chefs d'États d'Occident. Considérons par exemple ce qu'il déclare publiquement lors de la visite au Burkina Faso du président français François Mitterrand : « Vous aimez à parler, avec parfois entêtement dans certains milieux réfractaires, du droit des peuples. Vous aimez à parler, avec une lucidité que nous avons appréciée, de la dette. Vous aimez à parler également de la coopération, du tiers monde. C'est bien. Lorsque nous avons appris que monsieur François Mitterrand allait fouler le sol du Burkina Faso, nous nous sommes dit que si le raisonnement nous écartait de l'élégance des propos, le sens du noble combat – je veux parler des joutes oratoires – saurait nous rapprocher, tant nous apprécions ceux chez qui le discours s'éloigne du négoce, des tractations, des combines et des magouilles. Au Berri je crois, votre nom Mitterrand signifie "terrain moyen" – ou peut-être "mesureur de grains" ? Dans tous les cas, homme de bon sens. Bon sens proche de ces hommes qui sont liés à la terre, la terre qui ne ment jamais[158]. »

La sincérité des propos de Sankara frise l'affront. Sa liberté de ton est déconcertante. Sankara sait que les

---

[158] Thomas Sankara, « Contre ceux qui nous exploite et nous oppriment, ici et en France », dans Michel Prairie (éd.), *Thomas Sankara parle. La révolution au Burkina Faso 1983-1987*, p. 346.

impérialistes occidentaux, qu'ils soient de droite ou de gauche, n'entendent pas raison. Mais il insiste quand même sur « le bon sens ». Le titre du discours indique ses intentions : « Contre ceux qui nous exploitent et nous oppriment, ici et en France ». Analysons son propos : « Vous aimez à parler… » Sankara remarque le décalage, chez les politiques d'Occident de tous bords, entre les intentions humanistes dont leurs discours sont empreints et leurs actes mesquins et criminels en tant qu'hommes d'État. Ici, c'est une critique à peine voilée de la rhétorique néocoloniale, humanitaire et paternaliste, que rejette le président burkinabé. Il croit l'identifier chez François Mitterrand. Sankara dit qu'il ne parle pas seulement au nom des Nègres, mais pour tous les opprimés qui subissent les affres des impérialismes, même en Occident ; que la dette du Tiers-Monde est immorale ; que Mitterrand et ses compères ne devaient pas exiger des Africains (qu'il était hors de question) qu'ils remboursent un argent grâce auquel ils avaient corrompu des autocrates imbéciles, dont les peuples africains ne s'étaient guère servis et qui, de surcroît, se trouve toujours caché dans les banques en Suisse et dans d'autres paradis fiscaux en Occident, servant les économies locales.

Ces vérités dérangent. Les propos que tient Sankara sont effroyables pour qui sait le soin maniaque que mettent ses homologues africains pour supprimer dans leurs discours toute allusion au néo-colonialisme et à l'impérialisme occidental. D'ailleurs, le président français ne cessait de se remuer de gêne dans son fauteuil, certainement à cause de la tension émotionnelle que ne manquait pas de provoquer en sa conscience compliquée l'expression de ce cœur sincère. Onze moins après, Sankara est abattu en pleine réunion, comme un chien. Onze mois, c'est relativement long pour tuer un dirigeant nègre sincère, en comparaison avec la Belgique coloniale, qui en a pris seulement sept pour tuer un Nègre prétentieux, qui voulait « traiter d'égal à égal » avec eux. C'est que le pays des droits de l'homme prend le temps qu'il faut pour mieux maquiller ses crimes. Les âmes insensibles qui ont pris l'habitude de le diriger ont un credo unique : il faut toujours entretenir, chez les Nègres, l'illusion que nous sommes l'exemple de démocratie dont ils ne peuvent que rêver. C'est cet état de choses que dénonce aussi Thomas Sankara à la tribune de l'Assemblée générale des Nations Unies, le 4 octobre 1984. Il juge notre monde sévèrement ; il lui paraît anachronique : « Un monde où l'humanité est transformée en cirque, déchirée par les luttes entre les grands et les semi-grands, battue par des bandes armées, soumise aux violences et aux pillages. Un monde où des nations se soustrayant à la juridiction internationale commandent des groupes de hors-la-loi vivant de rapines et organisant d'ignobles trafics, le fusil à la main. [...] Tout cela dénote l'intérêt que nous portons à l'ONU, les exigences de nos droits y prenant la vigueur et la rigueur de la claire conscience de nos devoirs[159]. »

Ce Nègre-là crut-il qu'il pouvait impunément revendiquer ce mot *blanc* de « liberté » ? Qu'il pouvait manier le verbe à son avantage, comme un Blanc ? Apparemment, il ne voulait décidément pas jouer au *bon Nègre*, comme les autres. Mais le bonhomme voulait-il aussi faire son malin avec le Blanc, comme un Blanc, contre les Blancs ? Ce Nègre avait-il oublié que « tous les Blancs sont hommes et tous les hommes sont blancs[160] » ? Sacrilège : rire ainsi des turpitudes des Blancs, comme on rirait de celles d'un Mongol, d'un Chinois, d'un Arabe,

---

[159] Thomas Sankara, « La liberté se conquiert dans la lutte », dans Michel Prairie (Éds.), *Thomas Sankara parle. La révolution au Burkina Faso 1983-1987*, p. 167.

[160] Jean-Paul Sartre, « Morale et Histoire », p. 295.

d'un Visage pâle ou des tribulations sordides d'un Pygmée, sans être inquiété ? S'en tirer sans une égratignure ? Prétendait-il rivaliser avec les impérialistes sur leur applaudimètre infâme, qui permet de jauger la réussite de leur entreprise de démobilisation des masses à l'approbation niaise et crédule de celles-ci ? Voulait-il retourner aux peuples leurs applaudissements, ce qui, de fait, eût signifié que les sous-hommes débarrassaient solennellement leurs yeux des tendres écailles de l'humanisme abstrait ? Qu'insinuait-il : que les impérialistes mentent tout le temps, parfois pour pouvoir tuer les sous-hommes avec leur consentement, alors qu'on sait que le Blanc ne ment jamais ? Qu'osait-il dire ? Que ses efforts devaient concourir « grandement à ouvrir les yeux du peuple voltaïque[161] » ?

Le « malheur » de Sankara, c'est qu'il se réclamait de la lutte révolutionnaire planétaire du *Che*. Le 8 octobre 1987, dans l'un de ses derniers discours, il déclare : « Une des belles phrases dont se souviennent les révolutionnaires, les grands révolutionnaires cubains, est celle-là même que son ami, son compagnon de lutte, son camarade, son frère Fidel Castro lui-même répétait. Une phrase qu'il avait captée un jour de lutte de la bouche d'un homme du peuple, un officier de Batista qui, malgré son appartenance a cette armée réactionnaire et répressive, savait faire alliance avec les forces en lutte pour le bonheur du peuple cubain. Lorsque ceux qui avaient tenté l'assaut contre la caserne de Moncada venaient d'échouer et qu'ils devaient subir des supplices par les armes de l'armée de Batista – ils devaient être fusillés – l'officier avait simplement dit : « Ne tirez pas, on ne tue pas les idées. » C'est vrai, on ne tue pas les idées. Les idées ne meurent pas. [...] La patrie ou la mort, nous vaincrons. »

[161] Thomas Sankara cité par Michel Prairie (éd.), *Thomas Sankara parle. La révolution au Burkina Faso 1983-1987*, p. 86, 445-446 et 449.

Ce fut la mort. Cela, aussi, lui coûta la vie. Il fut assassiné une semaine après, le 15 octobre 1987, par un adjoint de Blaise Compaoré.

Un Nègre ignare tint la criminelle main blanche de la Françafrique pour abattre ce politicien de génie, esprit intrépide, vivace, ardent. Une « minorité de rapaces, une minorité de charognards, de musaraignes, de lézards[162] », avait eu raison de l'Homme. Un homme qui savait raisonner sans perdre le sens de l'humour. D'où cette interrogation très pertinente de Ludo Martens : « La mort violente, le 15 octobre 1987, de Thomas Sankara, signifie-t-elle la fin d'une expérience anti-impérialiste des plus prometteuses d'Afrique ? Blaise Compaoré, inaugure-t-il le lent rétablissement de l'ordre néo-colonial[163] ? » On comprend aisément pourquoi les relations entre Sankara et son homologue ivoirien, Félix Houphouët-Boigny, étaient exécrables. Il annulera d'ailleurs, à la dernière minute, un voyage officiel en Côte d'Ivoire le 27 mai 1984. La remarque de Ludo Martens nous conforte dans nos analyses : le combat idéologique principal de Thomas Sankara, c'était de dénoncer l'impérialisme et ses suppôts en Afrique.

Or, les mêmes impérialistes occidentaux qui, du temps de l'Apartheid, qualifiaient Nelson Mandela de terroriste, désignaient aussi Thomas Sankara comme un dictateur. Celui-ci les défiait : « Demandez au peuple si ce que je fais est dictatorial ou démocratique. Lui seul peut répondre. Ce qui est dictature pour les ennemis du peuple, est peut-être démocratie pour le peuple[164]. » Sankara voit juste : pour les défenseurs de l'impérialisme et du néo-colonialisme, il y a en effet démocratie dans un pays du

---

[162] Thomas Sankara, cité dans Ludo Martens, *Sankara, Compaoré et la révolution Burkinabè*, p. 219-220.

[163] *Ibidem*, quatrième de couverture.

[164] *Ibidem*, p. 219.

Sud à partir du moment où son dirigeant fait leur affaire, c'est-à-dire s'il facilite le pillage des ressources nationales, maltraite et « liquide » physiquement ses citoyens, à tel point que ceux-ci ne songent pas à (ou, plus exactement, qu'ils n'aient jamais le courage de) revendiquer leurs biens qu'une horde de brigands spolie sous leurs yeux. On peut donc pertinemment dire de Thomas Sankara ce que Sartre dit de Patrice Lumumba : « Mort [Sankara] cesse d'être une personne pour devenir l'Afrique tout entière, avec sa volonté unitaire, la multiplicité de ses régimes sociaux et politiques, ses clivages, ses discordes, sa force et son impuissance : il ne fut pas ni ne pouvait être le héros du panafricanisme, il en fut le martyr. Son histoire a mis en lumière, pour tous, le lien profond de l'indépendance, de l'unité et de la lutte contre les trusts[165]. »

[165] Jean-Paul Sartre, « La pensée politique de Patrice Lumumba », p. 252.

Chapitre VI
Les spasmes de notre Liberté

Un examinateur fort sympathique m'avait pris à partie lors de la soutenance de ma thèse de doctorat à l'Université de Liège, le 10 février 2012. Michel Dupuis avoua à l'assistance que mes propos lui donnaient la nausée alors qu'il était en train de digérer. Il était environ 14 heures. Le Professeur de l'Université Catholique de Louvain fustigea mon « hyperréalisme ». Le fait est que j'exposais, à l'occasion, ce que traduit la vision du monde qu'on appelle le « Blanc ». En substance, je faisais observer aux éminents membres du jury qu'un jour, Jean Genet demanda, avec une pointe d'humour noir : « Mais qu'est-ce que c'est donc un Noir ? Et d'abord c'est de quelle couleur ? » Je notais que les propos de Genet sont suffisamment équivoques pour susciter d'autres interrogations : qu'est-ce que le Blanc ? ; le Nègre est-il digne de pitié ? J'estimais que c'est de la réponse à cette dernière question que dépend la solution de la première difficulté.

I. **Les leçons de l'Histoire : la démocratisation armée**

L'une des contradictions actuelle d'une éthique de la responsabilité interculturelle se situe au niveau de la légitimité, de la pertinence morale et de la fonction politique d'une justice internationale. C'est pour répondre à ce défi que fut créé en son temps le Tribunal Russell. À ce sujet, des objections décisives furent formulées par un fervent contradicteur, l'académicien Thierry Maulnier : le tribunal n'était-il pas trop « politique » pour être efficace, c'est-à-dire moralement contraignant ? Le principe d'une justice internationale mobilisée exclusivement autour de l'exigence d'une morale politique, qui se met en place et s'exerce grâce à des personnalités s'étant auto-proclamées comme juges pour la circonstance, est-il rationnellement crédible ? De quel droit choisissent-ils de juger uniquement les Américains et non pas les Vietnamiens ? Enfin, outre la « fiction », la « théâtralité » et l'« impact psychologique » qui la caractérisaient, quels autres critères d'évaluation peuvent-ils se rapporter au Tribunal Russell ? Ces critiques ne prennent cependant pas en compte l'enjeu majeur qui sous-tend la démarche des initiateurs de ce projet de tribunal international, à savoir, remettre en question le rôle de l'O.N.U. dans le champ idéologique et diplomatico-stratégique et penser les bases d'un embryon de justice internationale, dont les principes et les actions ne sont pas uniquement dictés par les Grandes Puissances. Et c'est aussi cela *l'éthique d'une responsabilité planétaire* : dans un monde de plus en plus globalisé, chaque fois qu'un conflit idéologique ou armé éclate, il faut développer le sentiment qu'on est nécessairement « impliqué » dans l'affaire, quels que soient notre situation et notre lieu de résidence.

C'est ce qui amène le président d'honneur de ce tribunal, Bertrand Russell en l'occurrence, dès l'entame des audiences, à préciser la nature et l'enjeu des débats qui y auront cours. Il évoque d'abord le Tribunal de Nuremberg : « le Tribunal de Nuremberg permit d'exprimer l'horreur du monde entier face aux crimes commis par les nazis. On éprouvait un peu partout le sentiment qu'il fallait disposer de critères donnant la possibilité de juger des actes de ce genre et en fonction desquels il serait possible de condamner les crimes nazis. On pensait qu'il était moralement nécessaire d'en montrer toute l'abomination[166]. » Le parallèle que Russell initie, ici, vise à contraindre chacun à une prise en compte des précédents historiques qui militent en faveur de la mise en œuvre d'une juridiction internationale équitable. L'avantage d'une telle approche est de permette aux acteurs historiques en présence de ne pas succomber à la tentation de la politique du fait accompli chère aux vainqueurs, dans la mesure où elle implique qu'on ne remonte pas aux causes des conflits armés. Ceci leur permet non seulement de mieux se soustraire à leurs responsabilités dans les crimes qu'ils commettent, mais aussi de culpabiliser avec davantage de facilité les acteurs défaits (très souvent, les plus recommandables) et les peuples les plus vulnérables.

Russell donne ensuite les éléments à charge qui justifient l'initiative d'un Tribunal international ainsi que les arguments crédibles qui garantissent la pertinence des accusations portées contre le gouvernement américain. L'enjeu du Tribunal, selon son initiateur, serait donc d'apprendre aux citoyens du monde à s'intéresser à ce qui se passe et à apprendre à comprendre ce qui se trame dans certaines expéditions militaires qu'entreprennent les Grandes Puissances. La première chose que Lord Bertrand Russell met en évidence, c'est l'armement sophistiqué et destructeur des États-Unis d'Amérique. Or, les citoyens devraient s'interroger sur ceux qui sont visés par ces armes et pourquoi un tel raffinement des outils du crime. Le Tribunal Russell devait y apporter des éclairages édifiants aussi bien pour le peuple américain que pour le reste de l'humanité. Justement, en tant que Président du tribunal, Sartre insiste sur sa fonction de sensibilisation : « les juges existent partout : ce sont les peuples, en particulier, le peuple américain. Et c'est pour

---

166 Lord Bertrand Russel, « Discours à la première réunion », cité dans Vladimir Dedijer (éd.), *Tribunal Russell. Le jugement de Stockholm*, p. 9.

eux que nous travaillons. » Cette argumentaire vise un double objectif : d'abord, sensibiliser les opinions occidentales à prendre conscience des souffrances que leurs politiques infligent aux peuples à travers la planète, mais aussi exposer les défis éthiques que le tribunal fait peser sur les gouvernements du Nord. Aussi souhaite-t-il qu'« un véritable "Tribunal contre les crimes de guerre", soit créé à titre d'organisme permanent », et qu'il puisse sanctionner les crimes de tous, sans exception. C'est ce qui constituait d'ailleurs l'objectif initial de la Cour Pénale Internationale (C.P.I.) actuelle. Le problème est de savoir si ces principes ont été respectés, c'est-à-dire si tous les crimes de guerre commis par le Occidentaux et ceux commis par les acteurs politiques du Sud sont traités avec le même enthousiasme et la même rigueur par la C.P.I.

La réponse est manifestement négative. En effet, les Grandes Puissances se réservent le droit ou, plus exactement, le loisir d'assassiner impunément, suivant qu'un individu ou un peuple fait peser sur leurs intérêts une hypothèque vraisemblable ou avérée. La conséquence principale de cela est que la lutte armée révolutionnaire des victimes de la colonisation et des impérialismes s'en trouve légitimée. À ce sujet, les débats lors des séances du Tribunal Russell ont mis en évidence le mensonge et le cynisme auxquels recourent les impérialistes pour justifier leurs forfaits. Tout se passe comme si l'intelligence était la maladie incurable de l'homme. Elle a produit tous les savoirs ; elle a conduit aux régimes politiques démocratiques. Or, ces démocraties, comme des progénitures rebelles et parricides, contestent en permanence l'intelligence humaine d'où elles s'originent. Nous savons que l'intelligence, c'est la fonction de prospection de la raison. C'est elle qui distingue l'animal politique de la bête de somme. Elle nous amène à appréhender les causes, à articuler les processus et à concevoir les conséquences des phénomènes. Pourtant, les démocrates humanitaires sanguinaires, comme de mauvais phénoménologues, s'en tiennent aux conséquences les plus abouties, dans leur obscurité constitutive. C'est-à-dire que le jugement des défenseurs de la loi d'airain de l'hégémonie et de la domination néolibérales se fonde sur des faits expurgés de leurs causes et de leurs conditionnements originels.

Ainsi, lorsqu'une Grande Puissance entreprend de défendre une guerre, ce sera nécessairement au nom du *bon sens*, de l'exigence supérieure de la justice, de la loi ou pour des besoins humanitaires. En somme, on veut instaurer un certain droit. D'ailleurs, il n'est pas besoin de définir la nature de ce droit. Au mieux, il faut l'identifier au travers de la pratique diplomatico-stratégique qui la matérialise. Or, elle déroute parce qu'elle ignore, contre toute attente, la lucidité élémentaire. Cela se voit plus clairement si l'on compare leur entêtement suspect à vouloir aider les populations civiles et les conséquences réelles de leur démocratisation armée. Les monocrates disent : nous défendrons les Vietnamiens, les Ivoiriens, les Libyens ou les Syriens même (et surtout) contre eux-mêmes. Finalement, l'enjeu de cet emportement pour la démocratie et la paix internationale apparaît : les idéologues infectent la démocratie au moyen de leur dégoût de la justice, de l'égalité et de la fraternité. C'est que, chez les impérialistes, la liberté ne se laisse même plus appréhender en termes de faculté humaine privilégiée en vue de comprendre l'humain et le monde ; elle se mue au contraire en la normalisation de l'abêtissement forcené de chacun au moyen de la raison du plus fort et du fait accompli[167].

---

[167] M. Lelio Basso déclare encore : « Qu'est-ce donc cette liberté, sinon la liberté de faire ses affaires, d'exploiter librement les autres peuples pour le plus grand profit de ce qu'on appelle la "libre" entreprise, la liberté pour

C'est ce qui explique que ceux qui entretiennent l'illusion d'une démocratisation planétaire à coups de B 52 et d'avions Mirage répugnent à analyser froidement les situations qui se présentent à eux. Les « pourquoi » et les « comment » les indisposent viscéralement ; l'autonomie des sous-hommes est une perspective qui les heurte au plus haut point ; l'idée de bien-être des « pauvres » leur est insupportable : elle chatouille gravement leur sensibilité carnassière. Aussi n'ont-ils de répit que lorsque les autres peuples crient à tue-tête leur agonie ; lorsque, dans leur expiation, ils admirent la belle et majestueuse hauteur des savoirs et des monuments des « Blancs », fruits de brigandages millénaires, des larmes et du sang des génies que la nature a par hasard fait naître sur leur sol et qui, sans aucun doute, renieraient sans concession l'usage sauvage de leurs diverses inventions par des descendants prétentieux et indignes d'eux.

Car, qu'ont-ils en commun un président français actuel et J.-J. Rousseau, sinon l'identité nominale de citoyen français à travers laquelle l'esprit démocratique et interracial de ce dernier a la mauvaise fortune de cohabiter avec les compromissions misanthropes et anthropophages du premier, qui entretient le meurtre, la corruption et l'indignité dans la cellule africaine de l'Élysée ? D'un autre côté, quelle sont les constances de la politique des États-Unis en tant que superpuissance ? Ils favorisent la

---

les impérialistes américains d'imposer leurs lois et leurs rapports sociaux, la liberté pour les impérialistes américains de s'opposer à toute autre conception de la vie et des rapports humains, surtout quand il s'agit d'une conception socialiste qui pourrait être contagieuse dans le monde ; la liberté pour les impérialistes américains de barrer la route aux peuples qui, après tant d'années d'oppression et de colonialisme, veulent s'acheminer sur la route de l'indépendance, de la démocratie et du progrès social ?... » (Lelio Basso, « Rapport récapitulatif », dans Vladimir Dedijer (éd.), *Tribunal Russell. Le jugement de Stockholm*, p. 329).

discorde et la mort parmi les contempteurs du rêve américain, s'assurant ainsi la bonne tenue des marchés.

II. Une vision du monde : le « Blanc »

Généralement, lorsqu'on parle du « Blanc », il se trouve toujours des Français, des Belges, des Anglais, des Américains, des Russes, etc., à se sentir concernés. Il faut se défaire de ces attraits du « biologique ». De même, certains Nègres croient que les Chinois sont des « Blancs ». Ils confondent ainsi l'Oriental et l'Occidental à la nuance d'indécision de leur peau respective[168]. Mais l'identité du « Blanc » ne se définit pas en rapport avec des éléments raciaux, ethniques, religieux, etc. ; elle obéit à des paramètres idéologiques, doctrinaires, voire ésotériques. En somme, c'est la culture en soi, par un Occidental donné, d'une supériorité « naturelle » sur tous les autres mammifères dont les yeux ne sont pas bleus, dont les cheveux ne sont pas lisses et blonds, dont la voix sonne fort, qui ont un postérieur au-dessus de la normale.

Pourtant, ce qui caractérise un « Blanc », ce n'est pas le fait (physiologique) de porter des cheveux paisibles et teintés sur sa tête ou un nez menaçant au milieu du visage, ni non plus l'évidence qu'on bénéficie d'une voix caressante et d'une peau apparemment étincelante. Le Blanc naît en l'Occidental lorsque celui-ci laisse sa vanité s'abreuver au marigot des différenciations physiologiques. Il franchit alors le pas vers la *blancheur* que revendique le raciste. Son narcissisme est gonflé à bloc par les avantages

[168] Qui sait ? Demain, peut-être, s'ils n'y prennent garde, les Chinois le deviendront-ils de fait, par leur exercice continuel du trafic de la mort (armes à feu et containers de machettes), et s'ils accaparent, sans une juste contrepartie financière, des richesses des États dits « pauvres et très endettés ». Alors, en ce temps, ils seront dénoncés et combattus en tant que « Blancs ». Nous n'y sommes pas encore. Nous avons encore le loisir de définir ce qu'est un « Blanc » aujourd'hui.

que les vicissitudes et hasards de l'Histoire irriguent à sa porte ; et, sans s'interroger sur la nature de ses privilèges, il entreprend de travailler militairement à la préservation de ceux-ci. Ce sont ces mammifères malades de leur imaginaire qui écument les forêts et le sous-sol des pays du Sud, ainsi que les métropoles et les banlieues du Nord. Ce sont ces Seigneurs racistes tout puissants qui se convainquent que leur blancheur les prédestine à commander à toutes les planètes, à la terre principalement. Richard Wright voit juste lorsqu'il soutient que « ce que les Asiatiques et les Africains ne veulent pas admettre, c'est que le pétrole, les diamants, la bauxite, le bois, le coprah, l'étain, le manganèse et l'or de cette terre appartiennent à l'"homme blanc" simplement parce qu'il a les yeux bleus[169]. » Les « Blancs » qu'il dénonce, dans ces propos, ce sont ceux qui se cachent parmi les Occidentaux pour piller, brimer, terroriser et massacrer les autres peuples à travers la planète sous le prétexte de promouvoir la démocratie. En réalité, ils honorent leur absence de goût de la vie.

Ce sont ces consciences compliquées et pleines d'*émotions glacées et arides* que l'intellectuel révolutionnaire combat. Il tient de l'histoire qu'il n'y a pas tant de blancs que ça sur la terre. Il sait aussi que ceux-ci ne se contentent pas d'envier, parce qu'ils ne travaillent pas leur affectivité : ils convoitent et consument leur appétit par des marchandages infâmes et des exercices ésotériques spécifiques, un masochisme passionné en somme. Or, qu'apprennent-ils, sinon à désirer la méchanceté, en brimant toute velléité de naissance d'un sentiment humain en eux. D'où leur hyperactivité idéologique, qui a pour enjeu non seulement de justifier les inégalités, mais aussi de « légitimer » leur racisme

---

[169] Richard Wright, *Écoute, Homme Blanc*, Paris, Calmann-Lévy, trad. de l'américain par Dominique Guillet, 1959, p. 46.

forcené sous divers prétextes, notamment l'ingérence humanitaire et la promotion d'une justice planétaire. Or ces monocrates occidentaux, dans leur éjaculation d'une gouvernance mondiale parfaitement libertaire, contrarient fondamentalement la rencontre des sensibilités et la communication entre les peuples. Mieux, ils promeuvent la discorde et la haine entre les États. Mais peut-on le leur reprocher ? Le « Blanc » n'est-il pas le grand Mâle de l'Histoire, selon la conviction d'un Nègre célèbre, Léopold Sédar Senghor ? N'assume-t-il pas simplement son statut de polygame divin ayant le devoir « légitime » de féconder ses femelles, l'Océanie, l'Asie, l'Amérique latine et l'Afrique, sa préférée ?

III. Le critique politique contemporain

Les récents développements de l'actualité internationale – les guerres en Côte d'Ivoire, en Lybie et en Syrie notamment – apportent des réponses cinglantes à la déroutante interrogation de Genet : un Noir, c'est tout être humain lucide, Arabe, Indien, Nègre, Jaune, *Blanc*, etc., qui a encore le souci du *bon sens*, de la justice, de la fraternité et de l'égalité. Toutes ces valeurs prennent malheureusement la couleur blanche de la mort. Le « Noir », couleur aveuglante du sang, marque vive du combat révolutionnaire pour les libertés, personnalité téméraire du Vrai, qui sont la raison de vivre de toutes les cultures et de toutes les races, est destiné à la vindicte populaire et à la pendaison. Aussi l'amour, la vérité, la paix, la démocratie, en somme tout ce qui est « normal » et « logique » énerve la férocité des tenants d'un ordre international inéquitable. Ces privilèges qui, en principe, nous distinguent de tous les autres mammifères connus, excitent spontanément la criminalité de certains acteurs dominants de notre temps, qui les chassent et les tuent partout où leurs besoins hégémoniques le commandent.

Aussi, lorsqu'un intellectuel doit mettre sur scène les mensonges, les crimes et la violence aveugle de ces détenteurs du Droit international, sa plume doit être aussi meurtrière que les choses qu'elle décrit. Il n'a d'ailleurs pas le choix : il sait, par expérience (Lumumba, Sankara, Gbagbo, etc.), que lorsqu'on navigue à contre-courant de leurs fantasmes criminels, c'est la mort assurée. Mais pourquoi entreprend-il de les affronter avec le sourire aux lèvres ? C'est qu'en tant que critique politique, l'intellectuel nègre multiplie des astuces artistiques et littéraires pour rendre les stratégies politiques d'aliénation des masses accessibles à *n'importe qui*. Il sait que ses espoirs d'une humanité assagie suite à la prise de conscience de ses propres crimes sont entretenus sans illusion. C'est cette lucidité imperturbable qui fermente sa détermination et celle des sous-hommes à faire face au destin impitoyable que les *mammifères supérieurs* racistes nous réservent, nous tous.

Car, il est généralement admis que les Nègres savent danser. Et il semblerait qu'au football, ils sachent taper dans le ballon. Mais peuvent-ils faire le poids devant les « autres », ceux qui, à travers le F.M.I. et la Banque mondiale, dictent les programmes économiques, politiques et militaires de leurs pays ? Peuvent-ils rivaliser avec ceux qui, par diverses intimidations (gel des avoirs, embargo, blocus, menaces de « résolutions contraignantes » au Conseil de sécurité de l'O.N.U., etc.) et par des leçons armées d'une « démocratie » problématique, ferment leur bouche déformée par l'indignation et la douleur au moyen de dons humanitaires ? D'un autre côté, ces sous-hommes peuvent-ils réussir à exprimer ce qu'ils veulent ? Or, ne se sont-ils pas suffisamment abreuvés au pus de la rhétorique humanitaire pour être en mesure de témoigner de son caractère mensonger et démobilisateur, et pour dénoncer les objectifs réels – anthropophages – de l'invraisemblable sollicitude qui l'entretient ?

Le critique politique contemporain se souvient que naguère l'Occident raciste parlait dans la bouche de ses victimes, les Nègres principalement, comme le démon de la tradition judéo-chrétienne. Il parvenait jusqu'à leur faire douter de leur aptitude à la réflexivité, qui est la caractéristique originelle de tout être humain lucide : « Et si nous refusions le développement[170] ? », leur faisait-il s'interroger. Or, les sous-hommes n'ont-ils pas suffisamment bu au ruisseau du cynisme des Autres, pour être en mesure de traduire enfin leurs sentiments ? Le venin de l'altruisme suspect et meurtrier des sponsors de l'humanitaire actuel n'a-t-il pas suffisamment régénéré les libertés des dominés, qui étaient depuis si longtemps égarés dans l'imaginaire mi-raciste mi-humaniste de ceux-là mêmes qui les ont désignés comme des êtres « primitifs », pour qu'ils puissent enfin dire leur ressentir ?

IV. Le parler des Réprouvés

On sait que celui qui se trouve sous le coup de cette problématique est perplexe. Car, par expérience, il sait que lorsqu'on est tenu sous le joug d'une arme à feu par un brigand, on perd la parole. À quoi pourrait d'ailleurs lui servir la prétention de dire, sinon à hypothéquer ses chances, à miser sa voix dans cette bourse de la malchance ? Or, précisément, les sous-hommes ne devraient-ils pas taire tous les fantasmes à quoi les dispose leur habileté au jeu, et apprendre de ce silence le *parler* des Puissants ? Ne devraient-ils pas se débarrasser de leur bavardage ludique pour s'incorporer la mécanique de la vie qu'enseigne la violence occidentale ? Et ce rejet de leur exotisme

[170] Axel Kabou, *Et si l'Afrique refusait le développement ?*, Paris, L'Harmattan, 1992.

constitutif ne conduit-il pas à la maîtrise idéologique et technique du contenu et des enjeux des bavardages armés des « Autres » ? On sait aussi que, depuis les indépendances, on ne ferme plus la bouche des sous-hommes à l'aide de cadenas. On tait désormais ceux-ci avec la puissance des détonations et déflagrations qu'occasionne l'instauration de la *monocratie* occidentale dans la périphérie du monde industrialisé. Dans le lexique anachronique des Pères de la démocratie, qui ne peuvent combattre qu'en groupe, la lâcheté y figure comme l'autre nom de l'héroïsme. Les sous-hommes n'ont même plus le loisir de s'exclamer et d'admirer la face apaisée de leurs bienfaiteurs. Sous le feu des B52, Mirages, Rafales, Awacs, Migs, F-16, des *destroyers* et sous-marins américains, de leurs missiles de croisière *Tomahawk* et des autres agents de la démocratie du même type, ils se terrent dans leurs cases et disparaissent, finalement, parmi/comme autant de décombres fumants.

Ne faudrait-il donc pas que le sous-homme taise la rhétorique des bonnes sœurs *blanches*, dont on exploite la générosité et la bonté à des fins criminelles, pour écouter le bruit des armes venues d'Europe et d'Amérique, qui s'abattent sur ses plantations, son bétail et sa famille ? Ne comprendrait-il pas, enfin, que toute sa vie et son histoire millénaire sont à l'image de l'avilissement et de la mort que connotent ces explosions qu'il subit ? En se dérobant aux sollicitations des humanitaires, il refuse, en effet, de devoir justifier son existence devant les Puissants, c'est-à-dire qu'il refuse d'admettre sa responsabilité dans les malheurs qui l'acculent. Au contraire, il nomme les mensonges et montre les massacres commis au nom de la justice internationale ; il refuse de dire des choses qui ne le regardent pas ou qui ne comptent pas pour lui (l'alimentation bio, la réduction de l'émission des gaz à effet de serre, l'alternative à la société de consommation, etc.). Qu'est-ce à dire, sinon qu'il se dispose à se déranger, pour trouver ses propres besoins à travers les défis singuliers qui l'interpellent au quotidien ? N'est-ce pas qu'il perturbe l'arrangement momifié où le consignent en permanence les vociférations des droits de l'homme et de la démocratie de ses bourreaux, ce *pus bienveillant de la raison* auquel recourent les Puissants depuis la fin de la Seconde Guerre mondiale pour régenter le monde entier suivant leur folie des grandeurs ? Et, de fait, par la solennelle déclamation et l'intraitable dérèglement qu'il fait subir à la logomachie des Grandes Puissances, puisqu'il fait choir leur simulacre d'amour par une féroce contestation de leurs promesses de libertés individuelles, de prospérité économique et de coopération, et qu'il démontre que tout comme un être humain ne devrait pas attendre d'être sauvé par un autre, un État ne saurait prétendre libérer un autre, de bon cœur, sans une rétribution économique, diplomatique ou stratégique, le sous-homme ne (se) brise-t-il pas du même coup (contre) le silence qui l'a constitué historiquement comme un damné ?

V. Pour une praxis politique interraciale : l'exercice du goût

Dans la vie quotidienne il y a un ensemble d'indications à suivre : la posologie d'un médicament, l'appel à aller voter si on a atteint la majorité, etc. À travers ces réquisitions de la vie quotidienne, les membres d'une société donnée et des entités plus larges, pris individuellement ou collectivement, apprennent leurs obligations ; et la réalisation de ces attentes et *impératifs* garantit non seulement leur bien-être personnel, mais encore la cohérence de l'ensemble social considéré. Il n'est pas jusqu'aux annonces publicitaires pour tracer le cadre de la cohabitation qu'impose la vie en groupe. Mais il y a aussi des situations plus ouvertement contraignantes, celles qui engagent un groupe donné et dont les effets peuvent avoir de lointaines ramifications, parfois au niveau planétaire. C'est notamment le cas lorsque certains acteurs historiques s'inspirent d'expériences transcendantes d'autres époques ou de cultures étrangères, pour mener un combat politique spécifique. Tâchons de creuser davantage ces inférences politico-éthiques.

Considérons qu'un Occidental entretienne l'envie de manger du chocolat. Suivons-le lorsqu'il considère avec hésitation plusieurs propositions de chocolat sur les rayons d'une grande surface, par exemple. Il choisit au hasard du « Côte d'or. Mignonnette-lait ». La tranche de chocolat qui se cache dans cette boite, par toutes les dispositions juridiques, économico-industrielles, esthétiques, de goût, etc. qui la protègent, représente en même temps une marchandise et une « marque », c'est-à-dire une chose rare et pas à la disposition de *n'importe qui*. Clairement, cela veut dire que la prise en charge critique de cet univers transcendant intervient lorsque ce consommateur cesse de confondre, dans son imagination, la richesse (l'« or » et le « mignon ») que connote cette marque avec la situation réelle d'où provient le produit qu'il consomme avec appétit. Il faut qu'il considère cette belle boite de chocolat comme une sorte de cercueil, pis, un charnier. Autrement dit, quand la tranche de chocolat sort de son maquis et fond dans sa bouche, il faut qu'il s'imagine que l'élégante finesse de cette boite peut dissimuler la pire misère qui soit ; que la couleur rouge parfait de son enveloppe, c'est la maculation symbolique des larmes et du sang de millions de paysans de la périphérie du monde industrialisé qui, pour la plupart, n'ont jamais véritablement goûté du « bon » chocolat. Lorsqu'il apprécie la tournure moelleuse du chocolat, qui est la résultante des bifurcations du beurre de cacao dans son palais, le consommateur doit mesurer en même temps le nombre effarant de sous-hommes morts à la suite des morsures de vipères dans les champs de cacao, ou mutilés avec la machette, ou souffrant de fractures de la colonne vertébrale et du cou, ou victimes de toutes les sortes de hernies possibles à cause du port de charges énormes, etc., autant de souffrances crues qui rentrent effectivement en jeu dans la production et l'exploitation industrielle du cacao. Or, ces ingrédients réels sont *oubliés* par les multinationales lorsqu'elles inscrivent le prix, la marque, la valeur nutritionnelle, la date de péremption et le poids sur la plaquette de chocolat qu'elles leur proposent.

Nous pouvons en conclure que le besoin de chocolat est contemporain d'un défi éminemment moral, qui se déclame sous le rapport de la culpabilité. Or, nous savons que cela a aussi pour effet de provoquer une certaine gêne ou, tout simplement, de la honte. Dans tous les cas, il s'agit d'un impératif : le consommateur de chocolat, qui réside en Occident, doit considérer l'anéantissement des sous-hommes qui cultivent le cacao pour le contentement de ses sens. Cet impératif a une double portée : au recto, il dit en substance : « Ferme ta bouche et remue ta langue en paix ! » ; au verso, il pourrait se résumer ainsi : « Levez-vous et libérez votre goût du chocolat ! » Dans le premier cas, c'est la dynamique *sérielle* des relations interindividuelles, c'est-à-dire la situation dans laquelle les êtres humains sont tenus séparés les uns des autres par un système prédateur et misanthrope, qui les exploite distinctement et les extermine de diverses manières. Le sous-homme, qui réfléchit médiocrement, croira ainsi que tous les Blancs mangent son labeur et se désaltèrent de son sang avec appétit, ignorant le fait que ces Blancs (les « pauvres » consommateurs) sont eux-mêmes copieusement exploités à leur tour par d'autres Blancs infiniment plus puissants, au point où les plus endettés parmi eux n'ont d'autre choix que de se suicider.

Dans le second cas, le besoin de chocolat implique une action révolutionnaire des consommateurs. Car, ayant pris conscience des meurtres commis par les multinationales pour égayer leurs appétits, les consommateurs pourraient former des groupes dans leurs pays respectifs et faire des pressions politiques pour un monde plus équitable. Ils pourraient dans ce cas initier des *sit-in* ou des boycottages, faire des marches, signer des pétitions, etc. On sait que l'argent n'aime pas le bruit. Toutes ces actions auraient inévitablement des effets néfastes sur les ventes et l'attitude des chocolatiers changerait radicalement. Peut-être voudront-ils d'abord délocaliser leurs entreprises, parce qu'ils ne comptent que sur les divisions entre les producteurs de fèves et les consommateurs occidentaux (l'éloignement géographique, les différences culturelles, etc.) pour acheter à vil prix et vendre à un prix d'or. Mais, en Chine et en Inde, où ils iraient, s'ils reçoivent le même accueil exigeant, ils abdiqueront. Mesurant les coûts de production, considérant les risques que la piraterie maritime fait peser sur les affaires et les délais de livraison, ils se diront : « Peine perdue. Il faut tout/nous revoir ».

Quelles que soit les mesures qu'adopteraient alors les chocolatiers, ils se seront pliés à l'impératif moral qu'incarnent les actions concertées de masse. Autrement dit, puisque toute revendication manifeste un manque que son initiateur se propose de combler, quiconque a des attentes par rapport à sa société d'appartenance les vit plus ou moins comme autant d'avantages inhérents à son statut de citoyen, c'est-à-dire comme des droits qui lui reviennent légitimement. Il sait, par expérience (à l'occasion des revendications publiques et de protestations diverses, etc.), que non seulement il ressent la nécessité de les exprimer, mais aussi que les autres font preuve des envies similaires. Or, si le système capitaliste néocolonialiste en vigueur survit tout à la fois du maintien, de l'exacerbation et de l'inhibition des besoins de ses victimes, comme tout système oppressif d'ailleurs, les libertés individuelles et l'indépendance politique véritable ne naîtraient-elles pas alors de la capacité de celles-ci à le combattre sans ménagement, en renonçant à vivre et à voter à tout prix ?

Conclusion

« Supériorité ? Infériorité ?
Pourquoi tout simplement ne pas
essayer de toucher l'autre,
de sentir l'autre, de me révéler l'autre ?
Ma liberté ne m'est-elle donc pas donnée
pour édifier le monde du *Toi*? »
(Frantz Fanon, *Peau noire, masques blancs*)

Vérité et mensonge : la médiation de la bêtise

Quel est l'« ailleurs » de la vérité qui le détermine originellement et constitue sa véracité du point de vue socio-politique, c'est-à-dire à l'avantage de l'homme ? C'est à cette question que nous avons voulu répondre. Nous y avons répondu en montrant d'abord l'articulation des dimensions constitutives de la vérité et du mensonge, à savoir la problématisation de notre rapport aux « évidences », à l'imaginaire, aux valeurs et à la bêtise humaine.

Nous avons indiqué en quoi l'inaccomplissement est la caractéristique constitutive de la vérité. Nous avons établi que l'évidence qui s'impose dans l'Histoire et en politique est quelque chose qui résiste aux assauts du doute et du cynisme. C'est le caractère générique du vrai. En ce sens, en matière de relations interhumaines et internationales, il n'y aurait pas de vérité définie de toute éternité ou définitive en soi. Or si, au plan théorétique, l'on énonce le principe d'une vérité admise la caractéristique originelle du processus de *connaissance de l'acte de connaître*, au niveau de l'Histoire le vrai se confondrait avec la dynamique qui anime la vie des idées et des hommes (suivant la phénoménologie historique de Hegel) dans ses expressions les plus nobles (par exemple dans les créations culturelles, les combats politiques transnationaux contre le terrorisme, etc.).

La bêtise, en revanche, est l'empreinte d'une force irrépressible qui mine le déploiement du bon sens. Cette impéritie est de règle sur la scène de la vie, aussi bien celle qui constitue historiquement les organismes vivants que celle qui préside à la prospérité et au déclin des États, des Empires et des civilisations. C'est en ce sens que Michel Foucault a pu parler du mensonge de la vérité. Il mettait ainsi en évidence l'intrication originelle du pouvoir et du savoir qui constitue le politique comme discours prescriptif et pratique normative – ce qui, d'après lui, représente l'essence de la démarche biopolitique.

Tout au long de nos analyses, nous avons cherché à démêler les écheveaux de la bêtise comprise comme un *outil* radical d'analyse pertinent pour comprendre le monde globalisé. Dévoiler les fonctions (idéologiques, sociales, politiques, esthétiques, etc.) de la bêtise dans notre temps est la tâche prioritaire qui incombe à la critique à l'âge des grandes folies – précisément depuis les deux Grandes guerres mondiales et les génocides ayant marqué le 20e siècle. Quelles leçons pouvons-nous en tirer ?

De l'inversion du regard historique

Nous en concluons que la liberté individuelle ne devrait pas s'emmurer dans le regard de l'Autre. Car, travailler à faire persévérer en soi la constance qui nous assure de ne pas nous remettre en question revient à museler notre sensibilité propre, autrement dit s'occuper à se déshumaniser. La haine participe de cette quête individuelle d'une substance (tout à la fois hypothétique et « nécessaire ») qui certifierait une excellence humaine exclusive. La haine *est une foi*. Dans le même ordre d'idées, le racisme doit être compris comme une entreprise quotidienne d'automystification, d'aliénation et d'exclusion de l'*Autre*. On ne peut pas s'en défaire en proclamant la nullité scientifique de la notion de race, à l'exemple de Ruffié : « la découverte des facteurs communs à conditionnement héréditaire (hémotypie) a permis d'appliquer à l'espèce humaine les méthodes d'analyse des populations. Les résultats démontrent clairement que, chez l'homme, les races n'existent pas. L'espèce humaine est en réalité formée de multiples populations et d'unités de reproduction plus ou moins strictes entre lesquelles existent des transitions… À quoi tient la persistance du mythe racial que tous les faits biologiques condamnent ? Sans doute à des données sociologiques[171]. »

Pourtant les races existent… Elles ont la matière et consistance des idéologies qui les défendent ou les damnent : on en fabrique et l'Histoire se charge de les réifier. Ce n'est pas le fait de constater la différence de la couleur de la peau, de la hauteur du nez, de la longueur ou de la forme rabougrie des cheveux ou le caractère distinctif de la voix qui constitue en soi un acte raciste. Le racisme, c'est l'action délibérée d'associer l'absence de sensibilité chez un être humain à la couleur différente de sa peau ; c'est aussi la propension à reconnaître l'absence d'intelligence ou la somnolence de l'esprit dans une tête à l'aplatissement de son nez ; c'est également l'obstination niaise à assimiler la bonté et le rythme aux cheveux crépus ; c'est encore la grossière vanité de celui qui mesure la méchanceté et l'indignité d'un homme au poids de la bourse de celui-ci. Pareillement, c'est s'émerveiller

---

[171] Jacques Ruffié, *De la biologie à la culture*, Paris, Flammarion, 1983, Tome 2, p. 140, cité par Guillaume Bwélé dans son récent ouvrage : *Du logos vivant, Essai sur une ontologie de l'altérité et d'intégration interculturelle*, Yaoundé, Clé, 2009, p. 92.

du singulier lapsus de la nature au timbre exotique d'une voix (c'est-à-dire le fait de discriminer au nom du refus de l'« accent ») ; enfin, le racisme c'est la constance avec laquelle on identifie le crime, la mort et le mal absolu à une personnalité étrange, complexe ou excentrique qui constitue le racisme.

Ce sont toutes ces croyances qui « autorisent » certains à tuer. Ce sont ces entreprises anthropophages qui heurtent le bon sens et engagent chacun de nous à lutter contre le racisme. On pourrait assimiler cet état de choses à une absurdité ; mais l'existence humaine en est rigoureusement structurée. Elle est *pleine d'une infinité d'absurdités, qui n'ont même pas besoin de paraître vraisemblables ; car elles sont vraies.* Et précisément, en ce qui a trait aux préjugés raciaux, les motifs majeurs demeurent l'inconfort personnel, à savoir, les frustrations diverses et l'ignorance. Pour comprendre le racisme et les violences interindividuelles, il faut questionner, à partir de plusieurs approches, la façon dont les citoyens et les peuples vivent.

À la fin, puisque nous cherchions la voie de sortie de tout enfermement, nous concevons maintenant la possibilité pratique de penser l'histoire, au présent, sans optimisme ni pessimisme. La réponse de Philippe Sollers à cette question mérite d'être prise en compte ici : « On a tort, lorsqu'on aborde les questions qui nous intéressent, de se cantonner à l'histoire (entendu dans une acception historiciste)[172] ». L'histoire est, *en fait*, un indépassable[173] ; on y rentre en tant qu'acteur d'une conjoncture donnée nourrissant des espoirs et des peurs

---

[172] Philippe Sollers, « Heidegger en passant », in *Éloge de l'infini*, Paris, Gallimard, 2001, p. 1044.

[173] Sollers poursuit : « L'histoire continue de plus belle. Ceux qui nous racontent qu'elle est finie ou qu'elle n'a jamais existé ont de bonnes raisons pour le faire, sentant de plus en plus profondément leur inexistence historique » (*Id.*, "Le saut de l'histoire", in *Éloge de l'infini*, p. 886).

légitimes et d'autres desseins contestables. Mais il faut intellectuellement en sortir. À travers l'esthétique critique de la Mémoire de l'esclavage que nous avons esquissée, nous sommes au moins parvenu à problématiser de nouveau notre *devoir-être*, c'est-à-dire à approfondir la tâche originelle qui sied à chaque acteur historique et à promouvoir l'unique *saut* qui structure l'histoire humaine, celui que Fanon avait théorisé en son temps et qui consistait à *introduire l'invention dans l'existence*.

Le regard réflexif que requiert en permanence la *Case de l'Oncle Tom*, le Mémorial de notre peuple, doit travailler à infléchir le cours cynique de notre époque. En ce sens, nous sommes fondés à affirmer que le Nègre en tant qu'imaginaire occidental, c'est en même temps la vitrine critique du présent et la richesse conditionnelle de l'avenir. Nous devons contribuer à faire naître cet avenir, à forcer son éclosion anticipée, en toute humilité et sans rancœur. Les chefs-œuvre d'art qui illustrent le drame et le génie de ces figures *hyperréelles* sont notre caution et nos lanternes. *Le récit de William Wells Brown esclave fugitif, écrit par lui-même* est une illustration parfaite du potentiel qu'ont ces individualités hors-normes, dont le goût défie en permanence le dégoût envahissant d'une société du crime et de l'incompréhension, sinon de transformer le vécu de tous, du moins d'en valoriser l'identité et le *telos*.

Notre présence dans le monde globalisé

Nous faisons nôtre cette culture de l'humain qui est contrariée par la généralisation ambiante, systématique, d'un binôme radical : la *pureté* des intentions publiques et la *qualité* des crimes perpétrés ou sous-traités au nom du droit. Car, malgré les *Lumières*, il s'est toujours trouvé des nantis pour prédire que le monde globalisé serait le spectre de la préhistoire. Ces singuliers esprits, emmitouflés dans de costumes d'apparat, aux poches remplies de lingots d'or imbibés de sang, ont cru que chaque période de l'histoire, le temps de la mondialisation y compris, était une répétition indolente et languissante de petits et vieux événements sans lendemains. Que non !

L'Histoire, c'est la combinaison des aspirations et du labeur quotidien des peuples ; c'est la dynamique unique qui porte la voix des citoyens au firmament des mémoires collectives, dans les temps immémoriaux. Le monde actuel n'est donc ni le refuge de *poltrons irrités* ni l'enfer des niais effarés ; il est le gîte des peuples aguerris qui inventent chaque jour de nouveaux subterfuges pour progresser, en acquérant de nouvelles capacités artistiques, scientifiques, technologiques et militaires, pour conjurer les pièges que d'autres cités travaillent à leur imposer dans l'unique but de faire régresser leur économie, leur politique, toute leur culture en somme, au niveau préhistorique dont il n'ont plus eux-mêmes le souvenir.

La fonction ultime de l'écriture qui porte sur notre aventure dans le monde globalisé, c'est donc de communiquer la substance de nos libertés. Or revendiquer sa liberté, c'est plus exactement éprouver son humanité au cœur d'une situation intenable, voire explosive. Écrire, c'est penser ; c'est cultiver en soi l'horreur du bruit de la gâchette. Écrire, c'est agir par le bout du stylo, avec la foi aiguë en l'homme, non en quelque chimère ridicule et assassine. Circonscrire ainsi notre préoccupation commune, c'est surtout marquer le caractère singulier et unique de notre détermination : qu'une fois pour toute, la victoire millénaire des seigneurs de guerre prenne FIN !

Bibliographie sélective

I. Ouvrage généraux

Alain (Émile Chartier) [1952], *Éléments d'une doctrineradicale, 166 propos d'Alain écrits de 1906 à 1914 et de 1921 à 1924*, Paris, Librairie Gallimard, 1933, 4e édition, Collection "Les documents bleus"

—*Propos sur le bonheur*, Paris, Gallimard, 1928

Aristote, *Poétique*, Nouv. éd., rev. et corr. trad. française par Ch. Batteux, Paris, Imprimerie etLibrairie classiques de Jules Delalain et Fils, 1874

Aron (R.), *Introduction à la philosophie de l'histoire. Essai sur les limites de l'objectivité historique,* Paris, Gallimard, 1938

—*Dimensions de la conscience historique*, Paris, Plon, 1960

Badiou (A.), *Abrégé de métapolitique*, Paris, Seuil, 1998

Bataille (G.), *L'érotisme*, Paris, Les Éditions de Minuit, coll. 10/18, 1957

Beecher-Stowe (H.), *Uncle's Tom Cabin or Life among the Lowly*: Los Angeles, Library of the University of California, Children's books collection, 1900

Blanchot (M.), *L'espace littéraire*, Paris, Gallimard, 1955

Brecht (B.), *L'Opéra de quat' sous* in *Théâtre complet*, Paris, L'Arche, t.7, 1959

Bwélé (G.), *Du logos vivant, Essai sur une ontologie de l'altérité et d'intégration interculturelle*, Yaoundé, Clé, 2009

Contat (M.) et Rybalka (M.), *Les Écrits de Sartre*,

chronologie, bibliographie commentée, Paris, Gallimard, 1970.

Dedijer (V.), (éd.), *Tribunal Russell. Le jugement de Stockholm*, Paris, Gallimard, 1967

Diarra (S.), *Les faux complots d'Houphouët-Boigny. La fracture dans le destin d'une nation*, Paris, Karthala, 1997Guiffo (J.-P.), *Mgr Albert Ndongmo, Prophète et martyr*, Yaoundé, L'Essoah, 2008

Ela (J.M.), *Quand l'État pénètre en brousse... Les ripostes paysannes à la crise*, Paris, Karthala, 1990

— *Afrique: l'irruption des pauvres. Société contre ingérence, pouvoir et argent*, Paris, L'Harmattan, 1994

Engels (F.), *L'origine de la famille, de la propriété privée et de l'État, À propos des recherches de L.H. Morgan*, traduit de l'Allemand par les Éditions du Progrès, Moscou, 1976

Eza Boto (Mongo Beti), *Ville cruelle,* Paris, Présence africaine, 1954

Foucault (M.), *Dits et écrits 1954-1988, volume I : 1954-1975 ; II*, 1976-1988, Daniel Defert, François Ewald et Jacques Lagrange (éds.), Paris, Gallimard, « Quarto », 2001

Genet (J.) [1958], *Les Nègres. Clownerie*, Paris, Folio, Marc Barbezat-L'Arbalète, 1963

Gbagbo (L.), *Côte d'Ivoire : agir pour les libertés*, Paris, L'Harmattan, 1991

— *Pour une alternative démocratique*, Paris, L'Harmattan, 2004

Goldmann (L.), *Sciences humaines et philosophie*, suivi de *Structuralisme génétique et création littéraire*, Paris, Société Nouvelle des Éditions Gonthier, Bibliothèque Médiation, 1966

Glucksmann (A.), *La Bêtise*, Paris, Grasset, 1985

—*Cynisme et passion*, Paris, Grasset, 1981

Haley (A.), *Roots : The Saga of an American Familly*: USA, Doubleday, 1976

Kabou (A.), *Et si l'Afrique refusait le développement ?*, Paris, L'Harmattan, 1992

Kant (E.) [1758], *Fondements de la métaphysique des mœurs*, traduit de l'Allemand en français par Victor Delbos (1862-1916) à partir de l'édition de 1792, édition numérique réalisée par Philippe Folliot

La Bruyère (Jean de), *Les caractères*, Paris, Éditions Gallimard et Librairie Générale Française, 1963

Laba Nzuzi (B.), *L'équation congolaise. Visiter le passé afin de mieux s'armer pour l'avenir*, Paris, L'Harmattan, 2007

Le Pape (M.) et Vidal (C.), (éd.), *Côte d'Ivoire. L'année terrible 1999-2000,* Paris, Karthala, 2002

Le Senne (R.) [1949], *Le Devoir*, Paris, PUF, 1950

Martens (L.), *Sankara, Compaoré et la révolution Burkinabè*, Anvers, Epo, 1989

Mattéi (J.-F.), *De l'indignation*, Paris, La Table Ronde, 2005

Marx (K.) ; Engels (F.), *L'Idéologie allemande*, précédé de Karl Marx, *Thèses sur Feuerbach*, Éditions sociales, 1976

Mbembé (A.), *Critique de la raison nègre*, Paris, La Découverte, 2013

Nietzsche (F.), *Seconde considération intempestive. De l'utilité et de l'inconvénient des études historiques pour la vie*, trad. Henri Albert, Introduction, bibliographie, chronologie de Pierre-Yves Bourdil, Paris, Flammarion, 1988

Ngoué (J.), *La Croix du Sud*, Paris, Les Classiques africains, 1997

Penn Warren (R.) [1955], *Band of Angels*, Baton rouge: Louisiana State University Press, coll. Voices of the South, 1994

Prairie (M.), (éd.), *Thomas Sankara parle. La révolution au Burkina Faso 1983-1987*, New York, Pathfinder Press, 2007Rancière (J.), *Le Philosophe et ses pauvres*, Fayard, 1983

—*Le Maître ignorant : Cinq leçons sur l'émancipation intellectuelle*, Fayard 1987

—*Aux bords du politique*, Osiris, 1990

—*Le Partage du sensible*, La Fabrique, 2000

Sade (Le Marquis de), *Œuvres I*, Michel Delon (éd.), Paris, Gallimard, La Pléiade, 1990

Sankara (T.), *Thomas Sankara parle. La révolution au Burkina Faso 1983-1987*, Michel Prairie (éd.), New York, Pathfinder Press, 2007

Sartre (J.-P.), *Carnets de la drôle de guerre* (1939-1940), Paris, Gallimard, 1983

— *Situations V. Colonialisme et néo-colonialisme*, Paris, Gallimard, 1964

—, *Situations VI : Problèmes du marxisme*, Paris, Gallimard, 1964

— *Critique de la Raison dialectique. Précédé de Questions de méthode*, Paris, Gallimard, t.1, 1985

Schaupenhauer (A.), *Le monde comme volonté et représentation II, Qui contient les compléments des quatre livres du tome I*, traduit de l'allemand par Christian Sommer, Vincent Stanek et Marianne Dautrey, Annoté par Vincent Stanek, Ugo Batini et Christian Sommer, Pais, Gallimard, 2009

Senghor (L. S.), *Œuvre poétique*, Paris, Seuil, 1990

Sollers (P.), *Éloge de l'infini*, Paris, Gallimard, 2001

Toussaint (É.) et Zacharie (A.), (éd.), *Abolir la dette pour libérer le développement*, Bruxelles, CADTM, 2001

Towa (M.), *Histoire de la pensée africaine*, Yaoundé, CLÉ, 2015

Verwilghen (M.), Buzingo (M.), *Droits de l'homme. Recueil de documents internationaux et nationaux*,

Louvain, Conseil pour le développement intégré (CODI), 1989

Voltaire, *Dictionnaire philosophique*, Paris, Hachette, 1865

—*Lettres (1711-1778)*, L. Brunel (éd.), Paris, Payot & Rivages, 2009

Wright (R.), *Écoute, Homme Blanc*, Paris, Calmann-Lévy, trad. de l'américain par Dominique Guillet, 1959

— *Un enfant du pays*, Paris, Albin Michel, trad. de l'américain par Hélène Bokanowski et Marcel Duhamel, 1947

Ziegler (J.), *Les Nouveaux Maîtres du monde et ceux qui leur résistent*, Paris, Éditions Fayard, 2002

—*L'Empire de la honte*, Paris, Éditions Fayard, 2005

—*Destruction massive. Géopolitique de la faim*, Paris, Le Seuil, 2011

II. Articles

Cagnolari (V.), « Côte d'Ivoire, les héritiers maudits de Félix Houphouët-Boigny », dans *Le Monde diplomatique*, n° 682, janvier 2011, p. 15.Detober (J.), « Archives : l'État belge a-t-il peur de son histoire coloniale ? », disponible au lien http://politique.eu.org/spip.php?article1116

Chivers (C. J.) Schmitt (E.), « In Strikes on Libya by NATO, an Unspoken, Civilian Toll », dans *The New York Times,* du 17 décembre 2011

Eco (U.), « Rhétorique et idéologie dans "Les Mystères de Paris" d'Eugène Sue », in *Sociologie de la création littéraire*, Revue internationale des sciences sociales, Paris, UNESCO, 1968

Goldmann (L.), « Le Dieu caché. La "Nouvelle critique" et le marxisme », dans *Les Temps Modernes*, n° 132-133, février-mars 1957, p. 1624-1625

Hume (D.) [1741], *« Essai sur la dignité ou la bassesse de la nature humaine »,* traduit de l'anglais par Philippe Folliot, à partir de “Of the dignity or meanness of the human nature”, in *Essays, moral, political* (1 Volume), Edinburgh. A. Kincaid, 1741

Jaffré (B.), « Le Burkina Faso, pilier de la "Françafrique" », dans *Le Monde diplomatique*, n° 670, janvier 2010

Julliard (J.-F.), « Comment Sarko a appuyé l’offensive anti-Gbagbo », dans *Le Canard enchainé*, n°4719, du mercredi 06/04/2011

Sartre (J.-P.), « Morale et Histoire » (1964-1965), dans *Les Temps Modernes*, « Notre Sartre », n° 632-633-634, juillet-octobre 2005, p. 268-415

Ziegler (J.), « L’armée blanche en Afrique », in *Les Temps Modernes*, n° 203, avril 1963.

Table des matières

L'Afrique

aux éditions L'Harmattan

Dernières parutions

ETHNIES, NATIONS ET DÉVELOPPEMENT EN AFRIQUE : QUELLE GOUVERNANCE ?
Actes du colloque de Brazzaville (Congo), du 26 au 28 mai 2014
Sous la direction de Hugues Mouckaga, Scholastique Dianzinga, Jean-François Owaye
En 1962, quelques années seulement après que la parenthèse coloniale eut commencé à se fermer, un agronome français, René Dumont, osa ce pronostic : « l'Afrique noire est mal partie ». Que de protestations ! Pourtant, plus de 50 ans après les indépendances, le continent africain est à la peine et patine. L'explication : la mal gouvernance. Du fait de ses ethnies, l'Afrique fait face à un épouvantable écueil ! Elle n'arrive pas à se constituer en nations ! Il importait donc d'agir, de réfléchir autour de cette problématique.
(Coll. Études africaines, 55.00 euros, 704 p.)
ISBN : 978-2-343-05785-9, ISBN EBOOK : 978-2-336-37944-9

ÉLECTIONS, VOTE ET REPRÉSENTATION POLITIQUE DES AFRICAINS DE L'ÉTRANGER
Suivi du *Guide des opérations électorales en dehors des frontières nationales*
Wongo Ahanda Antoine
Quels sont aujourd'hui les types d'élections, les mécanismes et les procédures du vote à l'extérieur adoptés par les pays africains ? Dans cet ouvrage, qui fait la synthèse des connaissances et des pratiques du vote à l'extérieur et de la représentation politique des Africains de l'étranger, l'auteur entend apporter une contribution pédagogique au processus d'appropriation de la citoyenneté externe par les États africains. Un ouvrage qui intéressera les leaders africains, les migrants africains et tous ceux qui sont impliqués dans le processus de vote à distance à travers l'Afrique et les pays d'immigration.
(Coll. Études africaines, 21.00 euros, 202 p.)
ISBN : 978-2-343-02009-9, ISBN EBOOK : 978-2-336-38129-9

MANUELS SCOLAIRES, ENVIRONNEMENT INFORMATIF ET NUMÉRIQUE AU SERVICE DE LA LECTURE
Enjeux nouveaux pour une école émergente
Thioune Birahim - Préface de Michèle Verdelhan Bourgade
Aujourd'hui, l'environnement socioculturel s'est complexifié du fait de l'émergence de technologies nouvelles qui ont envahi l'univers des apprenants et qui se révèlent, dans les espaces d'éducation et de formation, à la fois comme

des promesses d'enrichissement et des menaces. Ce livre fixe quelques contours de l'utilisation des TIC (Technologies de l'Information et de la Communication) et des limites à observer dans leur application, sous peine de mettre en péril tout un patrimoine pédagogique.
(16.50 euros, 164 p.)
ISBN : 978-2-343-06236-5, ISBN EBOOK : 978-2-336-37731-5

L'ÉCOLE, GAGE DU DÉVELOPPEMENT DE L'AFRIQUE
Zénith Laurent - Préface de Mathias Eric Owona Nguini
Si plusieurs facteurs et secteurs sont à considérer pour sortir rapidement l'Afrique de son retard, le domaine scolaire revêt une importance capitale. Malheureusement, ce levier du développement qu'est l'école regorge de nombreuses tares dans la quasi-totalité des pays subsahariens. Un système académique bien pensé participerait fortement à l'essor de l'Afrique. À partir de propos, témoignages et de cas vécus, l'auteur met à nu tous les manquements qui handicapent l'émergence de ces pays.
(Harmattan Cameroun, 16.50 euros, 158 p.)
ISBN : 978-2-343-06203-7, ISBN EBOOK : 978-2-336-38133-6

LE CAMÉLÉON ET LA MORT EN AFRIQUE
Eschenlohr Nicole
La question de la mort hante nos esprits rationnels. Pour mieux maîtriser cette angoisse existentielle, les civilisations traditionnelles ont détourné le problème en attribuant une origine à cette mort : pourquoi et comment est-elle apparue ? En réponse à ses interrogations, la mythologie africaine, riche de liens tissés entre les hommes et les animaux, a désigné un responsable qu'elle a placé au cœur de ses récits et légendes : le caméléon. Accusé de lenteur, sa défense repose sur l'inéluctabilité de la mort...
(Coll. Ethnographiques, 14.00 euros, 132 p.,)
ISBN : 978-2-343-05818-4, ISBN EBOOK : 978-2-336-37485-7

APPROCHE CRITIQUE DU DÉVELOPPEMENT EN AFRIQUE SUBSAHARIENNE
Zagre Ambroise
Le sous-développement de l'Afrique subsaharienne constitue une préoccupation majeure pour les pays concernés, la communauté internationale, les milieux intellectuels et la société civile. Cet ouvrage interroge la notion de développement et envisage l'avenir de ce sous-continent vers un nouveau paradigme de développement : l'»auto-développement humain», capacité des sociétés à se développer en comptant d'abord sur leurs forces intérieures, leur capacité de création et leurs potentialités matérielles et spirituelles.
(Coll. Politique et dynamiques religieuses en Afrique, 27.00 euros, 260 p.,)
ISBN : 978-2-343-05939-6, ISBN EBOOK : 978-2-336-37427-7

LA PRÉCARITÉ QUOTIDIENNE EN AFRIQUE DE L'OUEST
Culture et développement
Ernoux Jules - Préface de Michaël Singleton
Cet ouvrage propose des tranches de vie prises sur le vif dans la population, plutôt urbaine, de Côte d'Ivoire, de Guinée et du Niger. À l'issue de 33 séjours

riches de rencontres collectives et individuelles, l'auteur s'interroge : comment vivre au jour le jour dans le manque permanent, seulement soucieux de manger à sa faim, de sauvegarder une santé précaire, de confier ses enfants à des écoles surpeuplées, de vivre dans l'insécurité d'un pays où l'État de droit n'est qu'une illusion ?

(Coll. Écrire l'Afrique, 15.50 euros, 154 p.)

ISBN : 978-2-343-05748-4, ISBN EBOOK : 978-2-336-37417-8

LE MARKETING DE RUE EN AFRIQUE

Mouandjo Lewis Pierre

Cet ouvrage, abondamment illustré d'exemples, se veut un outil pédagogique pour faciliter la compréhension de ce «Marketing de rue» tant développé par ses acteurs en Afrique. Son but est de mettre à la disposition des étudiants et responsables d'entreprises un manuel leur permettant de saisir les opportunités qui leur sont offertes par ce nouveau marché que représente la rue et où se déroulent des pratiques commerciales «agressives» et une concurrence farouche entre les entrepreneurs individuels, les grandes sociétés et les Petites et Moyennes Industries.

(Coll. Études africaines, 44.00 euros, 512 p., Illustré)

ISBN : 978-2-343-05770-5, ISBN EBOOK : 978-2-336-37547-2

L'AGENCE SPATIALE AFRICAINE

Vecteur de développement

Ouedraogo Sékou - Préface de Jean-Loup Chrétien

L'Algérie est en train de finaliser la conception de son premier satellite national ALSAT2B qui devrait être entièrement conçu par ses ingénieurs. Le Nigéria veut envoyer un astronaute dans l'espace avant la fin 2015. Qui peut le croire ? Et pourtant, l'Afrique possède des agences spatiales nationales crédibles et des organisations panafricaines qui travaillent sur le sujet. Pour utiliser efficacement ces applications spatiales au service du développement, l'auteur défend la création d'une Agence Spatiale Africaine.

(Coll. Diplomatie et stratégie, 18.50 euros, 188 p.)

ISBN : 978-2-343-05942-6, ISBN EBOOK : 978-2-336-37375-1

UN CHEF-D'ŒUVRE DES ARTS D'AFRIQUE

La plateau de Fa (golfe du Bénin), collection Christoph Weickmann Ulm, 1659

Biton Marlène-Michèle

Dans cet ouvrage, l'auteur a tenté de mener une enquête sur un plateau de divination provenant des côtes de Guinée, importé il y a 350 ans à destination du cabinet de curiosités d'un marchand d'Ulm, Christoph Weickmann. Il s'agit d'abord de replacer cet objet dans son contexte historique et culturel et de retrouver les conditions de son arrivée en Europe. L'auteur entreprend également une analyse plastique précise ouvrant des perspectives sur les modalités de représentations utilisées et l'accès à une mythologie foisonnante.

(Coll. Ethnoesthétique, 30.00 euros, 290 p.)

ISBN : 978-2-343-04282-4, ISBN EBOOK : 978-2-336-37491-8

DE LA CEAO À L'UEMOA
Ou la genèse d'une intégration sous-régionale réussie
Sawadogo Fatimata - Préface de Cheikhe Hadjibou Soumaré
Cet ouvrage est un solide argumentaire de la trajectoire de l'intégration ouest-africaine. Cette analyse historique sur les principales organisations qui ont précédé la CEAO (Communauté économique de l'Afrique de l'Ouest), se concentre sur les acquis et les insuccès de cette dernière. L'auteur analyse le passage de la CEAO à l'UEMOA (Union économique et monétaire ouest-africaine) pour mieux démontrer les grandes avancées sur le difficile chemin de l'intégration sous-régionale. Elle insiste sur le bilan positif de l'UEMOA eu égard aux nombreuses actions concrètes dans tous les secteurs de la vie socio-économique au profit des populations.
(15.50 euros, 152 p.,)
ISBN : 978-2-343-05985-3, ISBN EBOOK : 978-2-336-37437-6

CHEIKH HAMAHOULLAH – Homme de foi et résistant
L'Islam face à la colonisation française en Afrique de l'ouest
Traoré Alioune
Cheikh Hamahoullah fut l'un des principaux propagateurs du tijânisme en Afrique occidentale. Il mena un combat inlassable pour la liberté et la dignité des peuples d'Afrique pendant la période coloniale. En s'appuyant sur des documents d'archives, la tradition orale africaine et des manuscrits conservés par les fidèles et les adversaires du Cheikh, l'auteur rejette l'image d'un Hamahoullah agitateur sans culture et sans foi, que répandaient complaisamment les rapports des administrateurs coloniaux.
(34.00 euros, 404 p.)
ISBN : 978-2-343-04694-5, ISBN EBOOK : 978-2-336-37070-5

QUELLE AFRIQUE POUR LES JEUNES ?
Lettre ouverte
Barry David
Ce livre est une lettre ouverte d'un panafricaniste convaincu. Il s'adresse aux jeunes, car ce sont eux qui peuvent encore nourrir de grands rêves et qui ont encore la capacité de s'indigner. Le panafricanisme est pour l'auteur la seule voie royale qui permettra aux jeunes de retrouver une certaine cohérence, un sens et surtout de reprendre l'initiative. Cette lettre ne comporte pas de recettes mais propose une démarche en fournissant des repères.
(Harmattan Burkina Faso, Coll. L'Harmattan International Burkina Faso, 16.50 euros, 166 p.,)
ISBN : 978-2-343-06009-5, ISBN EBOOK : 978-2-336-37484-0

L'HARMATTAN ITALIA
Via Degli Artisti 15; 10124 Torino
harmattan.italia@gmail.com

L'HARMATTAN HONGRIE
Könyvesbolt ; Kossuth L. u. 14-16
1053 Budapest

L'HARMATTAN KINSHASA
185, avenue Nyangwe
Commune de Lingwala
Kinshasa, R.D. Congo
(00243) 998697603 ou (00243) 999229662

L'HARMATTAN CONGO
67, av. E. P. Lumumba
Bât. – Congo Pharmacie (Bib. Nat.)
BP2874 Brazzaville
harmattan.congo@yahoo.fr

L'HARMATTAN GUINÉE
Almamya Rue KA 028, en face
du restaurant Le Cèdre
OKB agency BP 3470 Conakry
(00224) 657 20 85 08 / 664 28 91 96
harmattanguinee@yahoo.fr

L'HARMATTAN MALI
Rue 73, Porte 536, Niamakoro,
Cité Unicef, Bamako
Tél. 00 (223) 20205724 / +(223) 76378082
poudiougopaul@yahoo.fr
pp.harmattan@gmail.com

L'HARMATTAN CAMEROUN
TSINGA/FECAFOOT
BP 11486 Yaoundé
699198028/675441949
harmattancam@yahoo.com

L'HARMATTAN CÔTE D'IVOIRE
Résidence Karl / cité des arts
Abidjan-Cocody 03 BP 1588 Abidjan 03
(00225) 05 77 87 31
etien_nda@yahoo.fr

L'HARMATTAN BURKINA
Penou Achille Some
Ouagadougou
(+226) 70 26 88 27

L'HARMATTAN SÉNÉGAL
10 VDN en face Mermoz, après le pont de Fann
BP 45034 Dakar Fann
33 825 98 58 / 33 860 9858
senharmattan@gmail.com / senlibraire@gmail.com
www.harmattansenegal.com